子どもが伸びる スゴ技 大全

カリスマ保育士 てぃ先生の

子育て ○×図鑑
まる ばつ

保育士・育児アドバイザー
てぃ先生

ダイヤモンド社

ママパパが
楽しく子育て
できますように。

子どもたちが
のびのび育って
いけますように。

こんにちは！　てぃ先生です。

今年で13年目の現役保育士です。最近はYouTube
で僕を知ってくださった方も多いかもしれません。

僕はいまから9年前にTwitterを始めました。そのころ
は、保育のいいところを伝えたいっていう気持ちから、
保育園での子どもたちのかわいいエピソードを中心につ
ぶやいていたんです。

あるとき、ひょんなきっかけから子育てのアドバイスを

つぶやいたんですけど、すると全国のママパパたちから「知らなかった！」って、大きな反響をいただいたんです。それから、子育てに関する質問や相談をたくさん受けるようにもなりました。

▶ 簡単で、子どもが伸びる、科学的方法

　子育てで困ったり迷ったりしている人は本当に多いんだなと思った僕は、ママパパがもっと楽しく子育てできるように、子どもたちがもっとのびのび育っていけるように、YouTubeに子育てアドバイスの動画を投稿することにしたんです。

　僕が発信している内容は、僕が実際に保育士としていろいろ試したなかで、**効果のあったものばかり**です。当然、ご家庭でもうまくいくものを厳選して投稿しています。**たまたまうまくいっただけの方法じゃなくて、脳科学や心理学などの科学的根拠に基づいていることも大切な部分です**。

　この本は、そんな僕がこれまで発信してきた動画などをもとに、ちょっとの工夫で子どもが自分から動いて、自分の力で伸びていく方法をまとめてあります。ぜひ参考にしていただけたらと思います。

子育てには、〇も×もない!

「子育てには、〇も×もない!」という上の見出しを見て
「え! この本、『子育て〇×図鑑』でしょ?」

と思った方は多いと思います。

皆さんに楽しく読んでもらいたくて、この本にはクイズ
みたいなタイトルをつけてみたんです。

でも皆さんもご存じのとおり、**子育てに〇と×、つま
り絶対的な正解も不正解もない**ですよね。

だって子どもは一人ひとり違うし、ご家庭の状況によっ
ても変わるし、同じご家庭でもタイミングによって対応は
変わりますよね。だから子育てに完ぺきなんてなくて、
「絶対に、こうしなくてはいけない」「こうしないと、いい
子育てにならない」ということはありません。

でも僕がお子さんやママパパの様子を見て、「とても
素敵な対応だなー。でもあとひと言つけ加えたらもっと

最高になりそう」「こうしたら、あの子は喜んで行動しそうだなー」と思うことがあります。完ぺきな子育てはないけれど、**「子どもがもっと喜ぶ子育て」**はあります。もっといえば、**「家族みんなが幸せになる子育て」**です。

▶ **子どもがいちばん喜ぶのは、どれかな？**

だって、世の中には「子育て法」って星の数ほどあって、どれだけ学んでもキリがありません。だからあんまり「正解を学ぼう」と考えるよりは、もっと単純に「うちの子がいちばん喜ぶのは、どれかな？」「どの対応が、自分を含めた家族みんな幸せかな？」っていう発想のほうがいいと思うんです。

仮に一般的にいいとされていることであっても、自分の子どもには合わないこともありますし、それを実践するママパパに大きな負担が発生してしまうなら、それはそのご家庭の誰も喜ばない方法です。

現代の忙しいママパパが、限られた時間のなかでせっかくお子さんと関わるなら、その時間がより濃いものになったほうがお子さんもうれしいし、家族みんながうれしいですよね。「いいかも！」と思うものがあったら、どんどん試してみてください！　少しでも子育てが楽しくなったと感じていただけたらうれしいです。

もくじ

第 1 章

\ YouTubeで大反響 /

全ママ
パパ
絶賛の
スゴ技
1 ⟶ 4

すぐできる度
★★★

1 | 今日からできる！物覚えが早い子どもは、ここが決定的に違う

もったいない！

✕ はじめからちゃんと覚えようとする

最初から完ぺきに覚えることよりも……。

POINT

- 物覚えのいい子は、覚えるだけで終わらない
- 「覚えたことを使う」という意識が大事
- 完ぺきでなくても、とにかくどんどん実践する

YouTubeで大反響
全ママパパ絶賛のスゴ技

自分から伸びる
子になるスゴ技

親と子の困ったが
解決するスゴ技

気持ちが上がる
ほめ方・叱り方のスゴ技

せっかくなら！
わかったところから
とにかくやってみる

「わかったことを使う」ほうが結果、覚えるのが早い！

解説は次ページ ▶▶▶

15

3分でも効果絶大!
「終わったらママとパパに
教えてね」の時間を作る

　お勉強でもしつけでも、言われたことをパッと覚えてすぐ実行できる子もいれば、反対になかなか覚えられない、という子もいますよね。長年たくさんのお子さんを見ていると、物覚えのいい子はここが決定的に違うというポイントがあります。それは「物覚えのいい子は覚えようとする時間が少ない」ことです。

　脳科学の研究によると、僕たち人間の脳は、いらない情報や使わない記憶はどんどん忘れて、頭のはしっこのほうに追いやってしまう、という性質をもっています。

　ですから、子どもに何かを覚えてほしいと思うのであれば、それがその子にとって必要という認識をもってもらうことが大事になるわけです。つまり、**重要なのは「覚える」ことではなくて「使う」**こと。

▶ 記憶定着には、実践7割

　これを立証するおもしろい実験があります。コロンビア大学のアーサー・ゲイツ教授という方が、小学生から中学生まで100名以上の子どもを対象に、こんな実験をしました。

　実験の内容は、ある文章を子どもたちに暗記してもらい、そのあとでそれを暗唱してもらうというものでした。これをグループごとに、「記憶する時間」と「暗唱の練習をする時間」の比率

を変えて比較したんです。

　結果、もっとも高いスコアを出したのは、「記憶する時間」が3割、「暗唱の練習をする時間」が7割のグループでした。つまり、記憶の定着には、**記憶する時間よりもそれを実践する時間のほうが重要**だとわかったのです。

　実際、保育園の子どもたちを見ていても、それを感じることが多いです。たとえば折り紙で手裏剣や紙飛行機を折りましょうというとき、いちど教えてもらっても覚えられないと、「ねえ、もう1回教えて」「あとは先生が作って」という子が多いんですけれども、**いわゆる物覚えが早い子たちを見ていると、とにかく折り始めちゃう**んです。で、折ってみてわからなかったら、「ここどうやって折るんだっけ」と聞きに来て、教えると「わかった」と言ってその後もずっと折り続ける。そうしているとその日の終わりにはもう、そのクラスの誰よりも手裏剣や紙飛行機を折ることがうまくなってるんです。

▶ まずは一緒にやってみる

　幼児や小学生のお勉強でも同じです。何かを覚えるとき、**「覚えた内容をあとでママとパパに教えてね」**と言っておいて、その時間を3分でも5分でももうけてみてください。子どもはただ覚えるだけではなくて、この後、**「この覚えたことを使う」**ことに意識が向くので、より身につきやすくなります。

　しつけでも同じです。子どもに、コップを両手で持ってほしいなと思ったら**「コップは両手で持つんだよ。わかった?」**と注意するだけよりも、**実際に一緒に両手で持って歩くほうがいいと思います。**いろいろ応用できると思います。

YouTubeで大反響
全ママパパ絶賛のスゴ技

自分から伸びる
子になるスゴ技

親と子の困りごとが
解決するスゴ技

気持ちが上がる
ほめ方・叱り方のスゴ技

すぐできる度
★★★

2 | 走り回る、ぴょんぴょんする。 落ち着かない子が ピタッと止まる方法

もったいない！
✕ 言い聞かせて 我慢させる

子どもは欲求に素直なので、静かにしていてほしいときにも、じっと
していられません。

POINT

- 子どもの動きたい欲求は、動かないと止まらない
- その場でできる遊びで欲求を解消しよう
- あっち向いてホイは簡単でオススメ

YouTubeで大反響
全ママパパ絶賛のスゴ技

自分から伸びる
子になるスゴ技

親と子の困ったが
解決するスゴ技

気持ちが上がる
ほめ方・叱り方のスゴ技

せっかくなら！

◯ 子どもの体を動かして 「感覚欲求」を満たしてあげる

筋肉や関節に感覚を入れることで、体を動かしたい欲求が満たされ、落ち着きます。あっち向いてホイも意外と体を動かせるのでオススメです。

解説は次ページ ▶▶▶

19

言っても聞かない子が
走ったりふざけたりしなくなる！
その場でできる遊び

　活動的で好奇心にあふれ、体を動かすことが大好きな子って
いますよね。突然パーッと走ったり、つねに何かしら動いていて、
「落ち着きのない子」と言われてしまいがちな子ですね。

　そういった子への対応は難しいし、実際 **「今はちゃんと立っていてほしいなぁ」** とか、**「あと10分、静かにじっと座っていてほしい」** というように、困ることが多いと思います。

▶「感覚欲求」と「前庭感覚」

　まず、なぜ走ったりふざけたりしてしまうのか。いろんな理由がありますが、「感覚欲求」は大きいと思います。

　感覚欲求とは、ものすごく簡単に言うと、「自分の筋肉や関節に何か感覚を入れたい」という欲求です。僕たちはお腹がすいたらごはんを食べますし、眠くなったら寝ますよね。それと同じレベルで、**「体に何か感覚を入れたいな」** と思ったら、**動かないと落ち着かない**という欲求なんです。

　大人でも、長時間バスや飛行機に乗ったり、講演を聞いたりして同じ姿勢が続くと、体を動かしたくなりますよね。大人なら「あと少しで終わるから我慢しよう」とコントロールができるんですが、子ども、とくに小さな子は、欲求に対して素直に体が動いてしまうので、部屋を走り回ったりふざけたりという、いわゆる

「落ち着きがない」姿につながるわけです。

　もうひとつ「前庭感覚」というものもあります。これは、**自分の体の傾きを感じたり、自分が動き回ることによって自分が進んでいるぞというスピードなどを感じる感覚**なんですが、これを補いたくて、ぴょんぴょんジャンプしたり、ゆらゆらしたり、ケンケンしたり、いろんなことをするわけです。

▶ プラプラモミモミ、あっち向いてホイ

　「じゃあ好きにさせておくしかないの?」となるとやっぱり困る場面はあるので、とっておきの方法をご紹介します。

　大人が子どもの手を持ってプラプラゆすってあげたり、筋肉をモミモミしてあげたり、関節なんかを触ったりすることです。こうすることで振動や筋肉が動く感覚が生まれ、「感覚欲求」が満たされやすいので、走ったりふざけたりしなくても、ある程度「感覚欲求」を満足させることができるんです。

　走り回って「進んでいる感覚」を得る「前庭感覚」に対応する方法もあります。

　たとえば**あっち向いてホイをしてみる**。子どもはあっち向いてホイをやるとき、自然と首をビューンビューンと素早く動かします。このビュンビュン動く感覚は、走り回るときと近いものなんです。まだ小さくてあっち向いてホイができない子には、「あっちを見てみようか〜。せーの、シュッ」と言って指示した方向をパッと見るなどの遊びもいいと思います。

　「落ち着きがない」と思う子も、**わざとふざけているわけではない**し、ましてや**ママパパを困らせようなんて思っているわけではない**とおわかりいただけたのではないでしょうか。

YouTubeで大反響
全ママパパ絶賛のスゴ技

自分から伸びる
子になるスゴ技

親と子の困ったが
解決するスゴ技

気持ちが上がる
ほめ方・叱り方のスゴ技

3 やらなきゃ損！子どものメンタルがけた違いに強くなる1分間のすごい習慣

もったいない！

✕ 注意したり、叱ることばかりになっている

あ〜
またきつく
叱っちゃった…

もう!!
何回言わせるの!!

おもちゃ取ったら

ギュッ

注意されたり、叱られてばかりになると、子どもは自分によいイメージがもてません。メンタルが弱くなり、なんでもすぐあきらめてしまいがちになります。

POINT

- 子どものいいところを見つけたら撮影！
- 1分でいいから親子で一緒にそれを見る
- 忘れたころにまた見るとより効果的

せっかくなら！

○ 子どものいいところが
表れている写真や動画を
一緒に見て振り返る

このとき
公園で
小さい子と
遊んで
あげたよね

はるくんは、優しいね

YouTubeで大反響
全ママパパ絶賛のスゴ技

自分から伸びる
子になるスゴ技

親と子の困ったが
解決するスゴ技

気持ちが上がる
ほめ方・叱り方のスゴ技

1分でいいから、子どもがうまくいったことや、楽しくすごしている動画や写真を家族で一緒に見て、振り返りましょう。自信がついたり、メンタルが強くなります。

解説は次ページ ▶▶▶

自分に自信がつき、幸福度が上がる！心理学研究に基づく方法

子どもには自信をもってほしい、メンタルが強い子になってほしい……そんなママパパに、**心理学の研究に基づいた、子どものメンタルを強くする方法**をご紹介します。

結論から言うと、過去に子どもが上手にできたり、成功したりしたこと、あるいは何か楽しそうにしている様子を収めた**写真や動画を親子で一緒に見て振り返る**。たったこれだけです。とてもシンプルですが、子どものメンタルを強くするのにとても効果的なんです。

実際、海外のさまざまな研究でも、過去の自分のいいイメージを振り返れる人ほど、**自分に自信があったり、幸福度が高かったりする**と言われています。**能力値そのものも高く優秀**、なんていう研究もあったりします。

▶ 過去の自分のいいイメージを振り返る

人間は、過去のイメージから現在の自分を作り出しています。逆に言うと、過去のイメージがなければ現在の自己イメージを描けません。

たとえば「誰かに親切にして、ありがとうと感謝してもらった自分」という過去のイメージや体験があれば、「自分は人に親切だ」という自己イメージができて、その後も人に優しくしよう

と考えるわけです。

　ただ、こういった過去の自分のイメージは、その出来事がよっぽど印象的なものでない限り、ずっと忘れずに覚えていることは少ないですよね。とくに子どもの場合は、新たな体験が大人にくらべてはるかに多いので、余計に自分の過去のイメージを維持し続けるのは難しいです。

　そこで、子どものいいイメージが表れている様子を収めた写真か動画を、**その子にとって大切な人と一緒に振り返る**ことによって、**過去の自分のいいイメージを持続しやすくなる**わけなんです。

▶ マ マ パ パ も 子 育 て に 自 信 が も て る

　たとえば、ちゃんと片づけをしてほしいと思う場合。たまたまでもいいので、子どもがしっかりと片づけをしている姿を写真や動画に収めて、後から一緒に確認しながら、「あ、〇〇くん一生懸命お片づけしてるね、素敵だねー」なんて言ってみてください。お子さんの頭の中では**「ちゃんとお片づけができる自分」というイメージができて、自ら進んでお片づけをしやすくなる**と思います。

　じつはこの方法は、**ママパパにもいい効果があります**。最近叱ってばっかりだなぁとか、子育てに自信がもてないなぁと感じているママパパにはとくにオススメです。子どもが笑っている動画を見て、「ああ、あの子もがんばってるんだな」「自分の子育て、決して間違っているわけじゃないんだな」って、自信をもてたりするんです。そんなメリットもぜひ感じていただければと思います。

4 | みんなのトラウマ 「置いてっちゃうからね!」の リスクと対処法を解説

✕ もったいない!
「置いてっちゃうからね!」と 一方的に言う

もう帰るよー!!

まだ遊ぶー!!

いいかげんにしなさい!

もう置いてっちゃうからね!

「置いてっちゃう」という言葉は、子どもに恐怖と不安だけでなく、 矛盾したメッセージを与え、強いストレスとなります。

POINT

- 「置いてっちゃうよ!」は子どもの心に悪影響がある
- 矛盾したメッセージは混乱のもと
- 子どもにも「このあとこうしよう」という予定がある

せっかくなら!

ポジティブな言葉に言い換える

いきなり「帰ろう」と言うのではなく、子どもが見通しを立てられるようにあらかじめ情報を伝えましょう。そのうえでポジティブな言葉に言い換えると効果的です。

解説は次ページ ▶▶▶

27

「やだ!」「帰らない!」と言う子に「置いてっちゃうからね!」「勝手にしなさい!」と言わなくてもいい3つの方法

「置いてっちゃうからね!」「もう知らないよ。勝手にしなさい!」——子どもがなかなか言うことを聞いてくれないと、ついこんなふうに言ってしまう方、多いと思います。でもこの言葉は、大人が考える以上によくない言葉なんです。これは心理学ではダブルバインド（二重拘束）といいます。ひとつのメッセージの中に矛盾した複数の意味が込められているので、どれを信じればいいかわからず、混乱して過度なストレスになってしまうんです。

▶ 子どもは不安と恐怖を感じ、矛盾に混乱する

言っている大人は「こう言えば言うことを聞くだろう」という"脅し"のような意識ですが、言われた子どもは「置いていかれるかもしれない」という不安や恐怖と同時に、「そう言われたけど、ママやパパは自分から離れていかないな」という反対の状況に置かれ、混乱します。

「もう知らない。勝手にしなさい」も、本当に勝手にすると「何してるの!」と怒られるという、矛盾した状態になります。こういった状況が続くと、**自己肯定感や思考力が下がったり、人を信用しなくなったり、自分の気持ちを表現できなくなるなど、数えきれないほどの悪影響が出る可能性があります。**

ではどのようにすればいいでしょう?　ダブルバインドが発生

しやすい環境に、「あれをしたから、いい子」「これができたから、おりこう」など、子どもが何かいいことをしたときだけ認めるということがあります。そこで、「特別なことをしなくてもあなたが大好きだよ」という無条件の愛情を伝えてみてください。

▶ 解決方法は3つ！

1つ目は、「子どもに選択肢を示してあげること」です。「帰るよ」という**一方的な命令では子どもが拒否しやすいです**。そうではなく、たとえば「普通に歩いて帰るのと、スキップしながら帰るの、どっちがいい？」と選択肢を示してあげると、「帰るよ」よりは子どもがポジティブにとらえてくれます。

そして2つ目は「子どもにあらかじめ先の見通しをもってもらうこと」です。**大人に予定があるように、子どもも、「このあと砂場で遊ぼう」「これが完成したらママに見てもらうんだ」と心のうちに予定をもっています**。それが突然「ハイおしまい」と言われたらいやなのは当然ですよね。なので子どもと予定を共有しておきましょう。言わなくてもわかるはずとか、きのうも同じだったから大丈夫ではなく、くり返し予定を言葉にすることによって、子どもが見通しをもてるようになります。そうすると、思い通りにならなかったときの気持ちの切り替えも、何もしないよりはうまくいくと思います。

3つ目は、「ポジティブな言葉に言い換えること」です。「おうちに帰るよ」と聞くとネガティブな感じですが、「おいしいごはんを食べにおうちに行くよ」であれば**子どもも納得しやすいです**。家に戻ったら「おうちに帰ってきたね。ただいま」と言えば、帰るということもきちんと理解できますよ。

トラウマって?

　親がよく軽い気持ちで言う「置いてっちゃうからね!」という言葉についてYouTubeで発信したところ、「私も親に言われてトラウマです」という大人からの反響がたくさんありました。かくいう僕自身も「悪いことをしたら警察に連れてっちゃうよ!」って言われて、実際に交番近くまで母親に連れて行かれたことがあって、今でもずっと覚えています。

「怒られるからやる」は続かない

　こういう「脅し」による子育てって、大人が思う以上に子どもの心に傷を残すし、大人としても「これはよくない対応だ」ってわかっているけれど、即効性があるのでついやってしまうんですよね。

　でも皆さんもおわかりのとおり、「怒られるからやる」「怒鳴られるのが怖いからやる」というのは、本来のモチベーションとしては間違っています。だって「怒られるからやる」のであれば、怒る人がいなかったり、怒り方が変わったりしたら、その子はそれをやらないわけですから。

　もちろん、人に危害を加えるとか自分自身を傷つけることをした場合など、しっかり叱ったほうがいい場面もあります。でもほとんどのことは、少なくとも怒鳴るよりは、**子どもの気持**

ちを認めたうえで何がよくなかったのか伝えたほうが、**子どもが自ら正しいモチベーションをもつことにつながる**と思います。

　たとえば子どもが走っちゃいけないところで走っていたとき、「走っちゃダメって、何回も言ってるでしょ！」って言うと、子どもは怒られるのが怖くて足がストップします。でも、なんでそこで走っちゃいけないのか、何をするのが正しいのかがわからないから、怒られた恐怖が抜けた途端、また走り始めちゃうわけです。それよりも、**走りたくなった気持ちを大人が受け止めたうえで**、なんでここでは走っちゃいけないのか、なんで危ないのか、どういう状態がいいのかを理解してもらったほうが、そのときだけじゃなく、同じような場面で子どもが走らなくなる可能性が高くなります。

　もっといい方法として、走ったときに叱るんじゃなくて、子どもが正しい行動、つまり歩いているときに、「今日は静かに歩いていて素敵だね」「ゆっくり歩いていて、ママみたいでかっこいいね」と言われたほうが、**子どもはいい状態の自分を認めてもらっているからうれしいし、歩いたほうがいいと自然に考えられる**わけです。そしてその結果、自分自身も気持ちがいいし、ママパパもおだやかでにこにこしていてうれしいな、っていう状態になって、次もきちんと歩けるようになるという、正しいモチベーションにつながります。

言っても理解してくれないときは？

　ただ、子どもって大人とくらべて理性がまだ十分発達して

いないので、一度言っただけではわからないし、お子さんによっては何回言ってもなかなか理解してくれないこともあります。そういうときは、**正しい行動を伝えつつ、叱らなくていい環境を用意する**のもポイントです。

　たとえば、ママパパがリモートで会議をしているときに、お子さんがギャーギャー騒いでいたとします。それに対して「静かにしなさい！」って言っても、3〜4分後、へたしたら30秒後にはまた騒ぐかもしれません。でもたとえばぬり絵や間違い探しなど、**その時間に子どもが集中して楽しめるものを用意してあげれば、「静かに！」と言わなくても、子どもが勝手に静かになってくれますよね。**やっぱり子どもってロボットみたいに「命令したら動く」というわけにはいかないので、そこは工夫が必要になります。

怒鳴ってしまったら、自分にもケアを

　そして最後に。僕の親も僕に対してときどき脅すようなしつけをしていたんですが、今、僕は自分でも自覚するくらい、とても自己肯定感が高いです。それは、**いいとはいえない対応をされたこともあったけど、それ以上にうれしいことや、いいこともたくさんあったから**だと思うんです。

　もし子どもを怒鳴ってしまったとしても、怒鳴ってしまった自分を責めてもなんの解決にもなりません。それよりは、怒鳴られた子どもと一緒に、怒鳴ってしまった自分のこともケアすることを忘れないでください。**傷ついているのは子どもだけではなく、ママパパも同じですから。**

第 2 章

自分から伸びる子になる

スゴ技
5 ⟶ 19

5 | ○○するだけで変わり始める! 子どもの「自己肯定感」

× もったいない!
何かがうまく
できたときだけほめる

ママの言うこと
聞いてエライ…
おりこう…!

うん
まあね…

子どもが成長するにつれ、「何かができたときだけほめられる」ように
なり、根拠のない自信＝「自己肯定感」が生まれにくくなります。

POINT

- 生まれてしばらくは、無条件の愛情をそそがれていた
- だんだん何かができたときだけほめられるようになる
- 1週間で、無条件に愛されていたころに戻れる

せっかくなら！

○ 名前を呼ぶときに
「大好きな」「大事な」とつける

大事な大事な、はるくん今日も大好きだよ

「何かいいことをしなくても、自分はママやパパに愛されてる」と感じることで「自己肯定感」が高まります。

解説は次ページ ▶ ▶ ▶

子どもは日々チャレンジの連続。「自己肯定感」が高い子のほうが、大きく成長できる

まず自己肯定感って何なのかということですが、すごく簡単にいうと**「自分自身に自信がある」、しかも「根拠のない自信がある」という状態**です。文字通り、自己を肯定しているということですね。

▶ **自己肯定感が高い子のほうが、大きく成長できる**

「自己肯定感」が高いとどういうメリットがあるのかというと、新しいことにチャレンジするときに、根拠のない自信があるので「よしやってみよう」という気持ちになりやすく、仮に失敗してしまっても「今回は失敗したけれども次はできるかもしれない」と素早く立ち直ってまたチャレンジできます。

一方、「自己肯定感」が低いと、「どうせできないからやめておこう」とか、チャレンジして失敗してしまったときも「ほら、できないじゃん、だからやりたくなかったのに。もうやらない」となりがちなわけです。そもそも**子どもというのは日々新しいチャレンジの連続**ですから、やはり「自己肯定感」が高い子のほうが、大きく成長できるということはあると思います。

▶ **「大好きな〇〇ちゃん」「大事な大事な〇〇くん」**

ではどうやったら「自己肯定感」を高められるのか。簡単な

方法をひとつだけご紹介したいと思います。

　その方法はというと、**お名前の前に「大好きな」もしくは「大事な」ってつけるだけ**です。たとえば「大好きな〇〇ちゃん、朝だよ〜」「大事な大事な〇〇くん、保育園に行くよー」とか言うわけですね。

　子どもって、**生まれたての赤ちゃんのときは、何もしなくてもかわいいし、ちょっと笑っただけで大騒ぎだし、無条件に愛情をいっぱいそそがれていた**わけです。でも2歳、3歳、4歳と大きくなってくると、お片づけができたからいい子とか、テストでいい点が取れたからいい子、という具合に、**条件つきで認められるようになっていく**わけです。そうするとどうしても、無条件の愛情を感じにくくなり、「自己肯定感」が育ちにくくなってしまいます。

　そんななかでも、お名前の前に「大好きな」「大事な」という言葉を入れてあげるだけで、**無条件に愛されていた自分に戻るような感覚を得ることができる**んです。

　僕はこれを保育園で、「先生が大好きな〇〇組さん。これから園庭に行くよ〜」とか、クラス全体に言うこともあります。そうすると「先生、僕たちのこと大好きなんだ」っていうのが無条件に伝わりますよね。

▶ 難しく考えなくてOK

　難しいことを考えなくても、たったこれだけのことで「この人は私のこと大好きなんだ！」と「自己肯定感」がドーンと上がりやすい基礎ができますから、ぜひ、**だまされたと思って1週間**とりあえずやってみてください。**きっと何かが大きく変わるんじゃないかな**って思います。

YouTubeで大反響
全ママパパ絶賛のスゴ技

自分から伸びる
子になるスゴ技

親と子の困ったが
解決するスゴ技

気持ちが上がる
ほめ方・叱り方のスゴ技

6 | ここが、すごい！
言われたことを
自然に聞く子の親の習慣

もったいない！

✕ 「遊びたいよね。
でもお片づけの時間だよ」

子どもの気持ちに共感するのはとてもいいことですが、これだと最後は命令になっているので子どもは素直に言うことが聞けません。

POINT

- 共感、指示は大事だが、否定で終わると子どもは動かない
- 最後を共感で終えることで、子どもの心が動く
- 子どものタイミングを逃さず、おもむろに親が誘導

YouTubeで大反響
全ママパパ絶賛のスゴ技

自分から伸びる
子になるスゴ技

親と子の困ったが
解決するスゴ技

気持ちが上がる
ほめ方・叱り方のスゴ技

せっかくなら!

「遊びたいよね。
でもお片づけの時間だよ。
ほんとに楽しかったね〜」

①共感
そうだね、遊びたいよね

②指示
でも、お片づけの時間だよ

③共感
なっちゃんも楽しそうだったね
ママも見てて楽しかったよ♪

最後にまた共感することで、子どもがポジティブな気持ちになって、スムーズに次の行動に入れます。

解説は次ページ ▶▶▶

子どもは肯定で動き出す！
最後のひと手間で、
成功率がまったく変わってくる

「ごはんだから、おもちゃお片づけしようねー」

「はーい」

　子どもがこんなふうに言うことを聞いてくれたら助かりますよね。でもだいたいは「やだぁ〜！　まだ遊ぶ！」なんて、素直に言うことを聞いてくれないことが多いと思います。

▶ まず①共感→②指示は大事だが

　育児書やネットの記事などを見ると、こういうときは「まずお子さんの行動や気持ちを認めて共感しましょう。それからお願いしたり叱ったりすると、お子さんに入っていきやすくなります」なんて書いてあると思います。つまり、

「ごはんだから、おもちゃお片づけしようねー」

「やだぁ〜！　まだ遊ぶ！」

「そうだよねぇ。まだ遊びたいよね。でもそろそろごはんだからお片づけしようね」

　というように、①共感→②指示、という2つのステップを踏むといいですよ、というわけですね。

　この方法、確かに素晴らしいですし、実際にうまくいくこともあります。でもこれだと結局「わかったわかった。いやなのはわかるけど、もうおしまいだよ」と、最後は否定で終わるので、

子どもの心も否定的になりやすく、「やだ、まだ遊ぶ！」と素直に言うことを聞けなかったりするんですね。

▶ ①共感 → ②指示 → ③最後にもう1回共感

ところがもうひと工夫することで、子どもがぐっと言うことを聞いてくれやすくなります。それは、**「共感→指示」の流れの後に、もう1回「共感」を入れる**ことです。

具体的に言いますと、たとえばお片づけの例で言えば、

「はい、そろそろお片づけしてねー」

「やだ、まだ遊びたい〜」

「そうだよねぇ。まだ遊びたかったよね。でもそろそろごはんだからお片づけをしようか」

そして最後にもう1回共感をプラス！

「それにしても楽しそうに遊んでたね」

「〇〇ちゃんが楽しそうに遊んでて、ママとってもうれしい」

こう言いながら、おもむろに大人が片づけを始めるわけです。「それにしても楽しそうに遊んでたね」とママパパが再度ここで共感を入れることによって、**お子さん自身の心も肯定的になった**結果、「うんそうなの。とっても楽しかったんだ〜♪」と言いながら、**そのまま気分よくお片づけが進みやすくなる**わけなんですね。

ママやパパは、「きちんとしつけなきゃ！」という気持ちで「ダメ！ 片づけなさい！」って叱ることもあると思うんですが、「①共感→②指示→③最後にもう1回共感」という3ステップ目を入れることで成功率がまったく変わってきますので、ぜひやってみてください。

7 | 強い子にしたいから助けない。 これをやると、むしろ 弱くなるので要注意

もったいない！

✕ 泣いても放っておく、 泣くのを我慢させる

「我慢強い子にしよう」と思って、泣いても放っておいたり、泣くのを我慢させたりすると、安心感が得られず、いっそう心が弱くなっていきます。

POINT

- 子どもは、助けてもらえると信じているからこそ泣く
- 子どもの気持ちを言葉にして安心させてあげる
- 大人の表情を見るだけでも伝わるものがある

せっかくなら!

○ 泣いている子の気持ちを代弁し、同じ表情で共感してあげる

そうか それは悔しかったね…

ネガティブな感情の中にいる子どもの鏡となって話したり、表情を真似したりすると、「わかってもらえた!」という安心感から、我慢強さ、忍耐強さにつながっていきます。

解説は次ページ ▶▶▶

些細な工夫で、大きく変わる！「この人は自分を守ってくれる」「自分は大事な存在なんだ」と子どもが安心する方法

「子どもを我慢強くするにはあえて助けないことも必要」「忍耐強くなるように手を差し伸べないほうがいい」などと考えている方もいると思います。でもじつはこれらの対応は**すべて逆効果**であることがわかっています。

子どもは、何もなければ泣きません。必要があるから泣きます。「つらい」「悲しい」「寂しい」「不安」といったいろんな理由から、自分を助けてほしくて泣くわけです。そして、**ママパパやまわりの大人たちは自分を助けてくれると信じているからこそ泣く**わけです。わざと泣いているフリをする子もいますが、それも、ほかに助けてもらえる方法が思いつかないからだったりします。

それに対して手を差し伸べない、助けない対応をすると、子どもはただ**「孤独である状態」**に慣れてしまいます。

加えて、自分の気持ちに共感される機会の少ない子どもは、他者の気持ちに鈍感になり、他人を信頼できず、人に助けを求めなくなります。「泣いても放っておかれる」「自分を助けてくれる人はいない」とあきらめてしまうからです。**ひとりで悩みを抱え続けて苦しむ。これが大人の望む「我慢強い子」「忍耐強い子」でしょうか?**

僕は違うと思います。

▶ 理由や気持ちを大人が言葉にする

　じゃあどうしたらいいのかというと、その方法は意外とシンプルです。子どもが泣いていたら、**泣いている理由や泣きたい気持ちを大人が言葉にする**。たったこれだけです。

　「悲しかったんだね」「いやだったんだね」「寂しかったんだね」「怒りたかったんだね」と、目の前で泣いている子が胸に抱えていそうな気持ちや考えを大人が代弁すると、子どもは「自分をわかってくれた」「この人は自分を守ってくれる」「自分は大事な存在なんだ」と安心します。

　すると、**多少のことがあっても我慢ができ、思い通りにならないことがあってもうまく消化できる**ようになります。これが本当の意味での我慢強さ、忍耐強さです。

　一方で、泣いているときに「そんなことで泣かないの」「泣いたってどうにもならないよ」「泣けばいいと思ってるでしょ」といった言葉をかけられたり、何もされず放っておかれたりした子は、ますます我慢できなくなりますし、忍耐強くもなりません。

▶ 子どもの表情を真似してみる

　もうひとつ簡単な方法として、子どもの表情を真似してみてください。子どもが泣いているとき、怒った顔や笑った顔で話を聞くのではなく、子どもと同じ悲しい顔で話を聞くことで、子どもは**「この人は自分の気持ちに共感してくれている」と安心できます**。

　こんな些細な工夫でも、やるかやらないかで子どもは大きく変わります。その安心感が心の支えとなり、いざ何かが起こったときにも、それを乗り越えられる精神力につながります。

8 | しっかり反省できる子の親が気をつけている2つのこと

✕ もったいない！

いきなり叱りつける

なっちゃんが遊んでたのになんで取ったの!?

取ってないもん
落ちてたんだもん

クマちゃん
取った
———!!

ギュッ

子どもを急に叱りつけると「防衛機制」が働いて、子どもは自分の心を守るためにうそをついたり、ごまかしたりします。叱っても反省が見られにくくなります。

POINT

- 子どもが反省から逃れようとするのには理由がある
- 圧をかけると、子どもは自分を守ろうと必死になる
- 子どもは「怒られる恐怖」を取り除くと素直になる

YouTubeで大反響
全ママパパ絶賛のスゴ技

自分から伸びる
子になるスゴ技

親と子の困ったが
解決するスゴ技

気持ちが上がる
ほめ方・叱り方のスゴ技

せっかくなら!

○ 「あなたを傷つけない」保証と、「もう許しているよ」という状態を作って注意する

いいなーって思ったの?

僕もクマちゃんで遊びたかったの

大丈夫だよ
パパわかってるよ

でも いきなり取るのは
よくないよね
どうすればよかった?

かしてって
言えばよかった

怒られる心配のない環境を作ってから注意すれば、子どもの心に余裕ができて、反省することができます。

解説は次ページ ▶▶▶   47

大人も子どもも同じ！ 心理学でいう「防衛機制」で 無意識に反発してしまいます

子どもに注意をしたときに、「だって〇〇だもん！」と言い訳をしたり、人のせいにしたり、聞こえないふりをしてみたり、ヘラヘラ笑っていたり……と、反省しているように見えないことがありますよね。

子どもが反省から逃れようとするのには理由があります。人間の心には、心理学でいう「防衛機制」という働きがあって、ストレスや恐怖を感じたときに、無意識に自分の心や精神が壊れないように、守ろうとするんです。

▶ 子どもは自分を守ろうと必死

そこでどうしたらいいかというと、**「防衛機制」が働かない環境にすることが必須**になります。

反省を促したいからと圧をかけると、子どもは自分を守ろうと必死になってしまいます。そんな状態の子どもが、間違いに向き合って次はどうすればいいか考える、なんていうのは不可能ですよね。

そういう場合は、**叱る前に「心と精神が傷つかない保証をする」**そして、子どもに対して**「すでに許されている」という状態を作る**、この2つが重要になります。

48

▶ 心が傷つかない保証

　まず「心と精神が傷つかない保証」ですが、典型的なのは、大人がよくやる**「怒らないからちゃんとお話聞いて」**というやり方です。子どもに「傷つけないよ」ということを事前に知らせて、安心して話を聞ける環境にしようとするわけです。

　こうすると、少なくとも急にカミナリを落とすよりは、**子どもが素直に聞いてくれることが多い**と思います。

　ただ、怒らないと保証したのに怒ってしまった場合、当然、次回から話を聞かなくなってしまいます。ですから、この方法を使うときは、**必ず「怒らないという保証」を守ってあげてください**。

▶ すでに許されている状態

　続いて、「すでに許されている状態を作る」ですが、たとえば子どもがおもちゃを投げたとしましょう。子どもは自分を守るために「投げてないもん」なんて明らかなうそをついたりしますよね。こういった場合でもまずは、「どうして投げたくなっちゃったのかな?」と、子どもがおもちゃを投げた理由について**一定の理解を示す言動や態度をとると効果的**です。

　そして、「そうなんだ、ママわかったよ、大丈夫だよ」「もうママ怒ってないよ」と子どもの行動を許す状態を作ってから初めて、「ここがよくなかったね」「どうすればよかったかな」と、反省を促す会話をしてみてください。

　子どもは**怒られるという恐怖から心を守る必要がない**ので、断然、話を聞いてくれやすくなりますし、自分がしたことに向き合って、その後気をつけられるようになっていきます。

YouTubeで大反響
全ママパパ絶賛のスゴ技

自分から伸びる
子になるスゴ技

親と子の困ったが
解決するスゴ技

気持ちが上がる
ほめ方・叱り方のスゴ技

すぐできる度
★★★

9 | 1日1回で効果◎！子どもの集中力が伸びるめっちゃ簡単な方法

もったいない！
「本当に集中力がないんだから！」
「集中して！」と言う

「集中して！」と言っても子どもの集中力は伸びません。

POINT

- 子どもに「集中しなさい!」と叱っても改善しない
- 触覚だけで何か当てる遊びは、いいこといっぱい
- いつもと違う頭の使い方をして、脳が活性化する

せっかくなら!

⭕ 楽しい遊びの中で 集中力を高める

袋の中に大好きな
ぞうさん・ねずみさんのぬいぐるみと
積み木が入ってるよ

中を見ないで
積み木を見つけ
られるかな?

ごそごそ

うーん
これかな?

普段とは違う脳の使い方をすることで集中力が身につきます。

YouTubeで大反響
全ママパパ絶賛のスゴ技

自分から伸びる
子になるスゴ技

親と子の困ったが
解決するスゴ技

気持ちが上がる
ほめ方・叱り方のスゴ技

解説は次ページ ▶▶▶

やり始める前と後では、実感レベルで集中力が変わる！袋の中身当てクイズ

どんなときに子どもの集中力が長く続いているかを考えると、パッと思い浮かぶのは、テレビやスマートフォンで動画を見ているときだったりしませんか？

反対に集中力が続かないのは、お勉強や、自分の興味関心から外れたことをする場合だと思います。

子どもは目や耳から入ってくる情報や、自分の興味関心事については集中が長く続きやすいんですが、それ以外のことは難しいわけです。そこで、この状況を解消するのに効果抜群な方法を紹介します。

▶ 中を見ないで物を探す遊び

中身が見えない袋を用意して、中に子どもが知っている日用品やおもちゃを入れます。そして子どもに「じゃあこの中を見ないでぬいぐるみを見つけられるかな？」と、お題を出すんです。すると子どもは「触覚」のみで、

「ぬいぐるみどこかな～。あ、これペットボトルだ……ぬいぐるみはどれかな、あった！」

と集中して一生懸命探します。**こういう遊びをくり返すなかで、子どもの集中力はグーンとアップ**します。

家にあるおもちゃでも、見れば「こういう感触だろうな」と想

像ができるんですが、見ないで触っただけで何だろうと考えることは、体験としてあまりないですよね。

　この日常生活にはない体験というのもポイントです。非日常だからこそ、子どもはおもしろがって、**自然と集中して感覚を研ぎ澄ます能力を身につけます。**

　自分から情報を取りに行って、しかも普段単独で使うことのない、触覚を使っていますから、いつもと違う刺激を脳に送ることができます。さらに、**触覚からそれが何かを考える思考力**も使っています。

YouTubeで大反響
全ママパパ絶賛のスゴ技

自分から伸びる
子になるスゴ技

親と子の困ったが
解決するスゴ技

気持ちが上がる
ほめ方・叱り方のスゴ技

▶ 脳の発育にいい、手で味わう感触

　通常、触覚は視覚や聴覚とリンクしていて、手と同時に目や耳からもその物の情報を得ています。ですから、これらの感覚を分離して考えるときには、**いつもと違う頭の使い方をする必要があり、脳が活性化する**わけです。

　実際、子どもの発達において重要な「感覚統合」という分野においても、このような遊びは子どもの集中力を鍛え、**思考力の整理に役立つ**と言われています。

　また、子どもにとって手で味わう感触は、脳の発育においてほかのどんな刺激よりいい影響を与えると言われています。

　この遊びをある程度続けていくと、やり始める前と後では、**実感できるレベルで集中力が変わる**と思います。

　子どもに「集中しなさい！」と叱っても改善しないことは、皆さんよくわかっていらっしゃると思います。こういった遊びは子どもの発達を促すのにとてもいいですし、何より楽しいので子ども自ら取り組もうとしますから、ぜひやってみてください！

10 | 教育業界では常識レベル！「自分で考えて行動する」子どもが育つ条件

もったいない！
やるべきことを指示する

指示や命令を多く与えると、子どもが自分で考えて行動する機会が少なくなってしまいます。

POINT

- 指示や命令に従うときは「人に向かわされている」
- 質問に対して行動するときは「自分から向かっていく」
- 自分でやった達成感から、次への意欲につながる

せっかくなら!
やるべきことを質問する

YouTubeで大反響
全ママパパ絶賛のスゴ技

自分から伸びる
子になるスゴ技

親と子の困ったが
解決するスゴ技

気持ちが上がる
ほめ方・叱り方のスゴ技

質問を投げかけて、子どもが考える機会を増やすことで、自分で考えて動く力が身につきます。

言い方を変えるだけ！
「何からやる？」と質問してみて
ください！

　自分から率先して「あれやってみたい！」という意欲が強い子っていますよね。自分で考えて自分から行動を起こす、そんな力をもった子には、じつは共通点があるんです。それは、**日常生活のなかで「指示」や「命令」ではなく、「質問」をされることが多い**ということです。

　実際に多くの科学的研究があります。「これをしなさい」「あれをしなさい」と指示や命令を多く受けてきた子は、自分で考えて行動する機会や体験が少なくなります。一方で、同じことでも「これはいつ始めるの？」「あれはどうやって進めるんだろうね」と質問によって行動を促されることが多い子は、自分で考える体験が多く、つねに自分で考えて行動する子になりやすいんです。

▶ 同じ行動でも気持ちがまるで違う

　たとえば宿題でも、**「宿題しなさい」と指示や命令をされるより、「宿題いつ始める？」と質問されるほうがいやな気持ちになりません**よね。

　最終的には宿題をするわけで、子どもがとる行動はまったく同じです。しかし行動するときの気持ちは、一方は「人に向かわされている」、他方は「自分から向かっていく」と、まったく

違うわけです。

　脳画像を撮る MRI や、脳の信号を検出する機器を使った実験や研究がいくつもあるんですが、そこでも**指示や命令を受けている子より、質問をされている子のほうが、段違いに脳の活動が高く、自分で考えて行動する割合も高い**ことが証明されています。

▶ どれからやる？

　お片づけで、「お片づけしなきゃいけないでしょ！」と指示や命令をされるより、「どれからお片づけする？」と質問されるほうが取り組みやすいのも同じです。

　たとえば明日の準備をしなければならないときには、「早く準備をしなさい」と言うよりも、「どれからカバンに入れる？」と聞いたほうが、お子さんは具体的に考えて行動しやすくなると思いますし、おまけに**自分でやったという達成感**から、「明日も自分でやろう」「その次も自分でやろう」「もっといろんなことも自分でやろう」という意欲につながっていきます。

　そもそも、**指示や命令によって何かが達成されたとき、喜ぶのは実行した側ではなく、命令した側**であることが多いと思います。脳は何かうれしいことがあると脳内にドーパミンという報酬系ホルモンを出すんですが、人から言われてやったことでは、ドーパミンが分泌されにくいんです。

　こういったことは保育や教育の現場でも周知の事実となっていて、子ども自らゴールに向かって進んでいく姿が多い学校や保育園やクラスは、**大人が主役ではなく、実行する子どもが主役**になる手法を取っていることが多いです。

YouTubeで大反響
全ママパパ絶賛のスゴ技

自分から伸びる
子になるスゴ技

親と子の困ったが
解決するスゴ技

気持ちが上がる
ほめ方・叱り方のスゴ技

11 | 「やればできる子」の正体と 本当にできるようになる方法

✕ もったいない！
生まれつきの才能をほめる

足が速いね

頭がいいね

才能やもともともっている能力をほめていると、「これはできるけどあれはできない」という発想になりがちです。難しそうなことにチャレンジしにくくなります。

POINT

- 無理に何かさせようとすると自己嫌悪が強くなる
- 才能ではなく、努力や工夫したことをほめる
- 難しそうなことにもチャレンジできるようになる

YouTubeで大反響
全ママパパ絶賛のスゴ技

自分から伸びる
子になるスゴ技

親と子の困ったが
解決するスゴ技

気持ちが上がる
ほめ方・叱り方のスゴ技

せっかくなら！

努力したことをほめる

子どもが努力したところ、工夫したところをほめると、「努力するとうまくなる」という発想になり、ほかのことにもチャレンジできるようになります。

解説は次ページ ▶▶▶

59

生まれつきの才能ではなく、努力をほめるだけでチャレンジ精神旺盛になります

「やればできる子なんですけど、やろうとしないんです」

こんなふうに表現される子ってよくいますよね。親としては期待を込めてそう思うわけですが、**「やればできる子」が本当にできる子に変わる簡単な方法**があります。

まず、「やればできる子」と呼ばれる子の多くは「できることは最初から、努力しなくても生まれつきの才能でうまくできる」と思っていることが多いです。これを心理学で「硬直マインドセット」といいます。こういう状態にある子に「やればできるんだから、やりなさい」と無理に何かをさせようとしても、プレッシャーが大きくやる気が起きません。もしも失敗したら「ほら、やっぱりできないじゃん」と自己嫌悪が強くなり、余計に失敗を恐れてチャレンジしなくなってしまいます。

▶ ほめ方でチャレンジ精神に差が出る

じゃあどうすればいいのか。スタンフォード大学のキャロル・S・ドゥエック教授が行った実験があります。

子どもたちを集めて2つのグループに分け、IQテストを行いました。その結果報告をするときに、1番目のグループの子には、「とってもいい点数だったね。あなたは頭がいいんだね」「あなたは天才だね」と、生まれつきの能力をほめるようにしました。

続いて2番目のグループの子には、**「とてもいい点数だったね。がんばって取り組んだね」**と、その子の成長や努力を**ほめて**結果を伝えました。

すると、この2番目のグループ、**努力をほめられた子たちは、テストを続けて行くと「もっと難しいテスト！ もっと難しいテスト！」と自らテストの難易度を上げていきました**。対して、1番目のグループ、「頭がいいんだね。天才だね」と生まれもった能力をほめてもらったグループは、そのまま簡単なテストを選び続けたんです。つまり、やればできるとわかっていることにしかチャレンジ精神がわきませんでした。「自分ができるのはここまで」「難しい問題ができないのが怖い」という気持ちになってしまったんですね。

▶ 努力を認める

つまり、やればできる子が本当にできる子に変わるためには**「人は努力や学習によって変わることができる。できることが増える」**という「成長マインドセット」を身につける必要があるわけです。

子どもがテストでいい点をとったら**「一生懸命お勉強してたもんね」**と、その子が努力していた部分を認めてあげてください。かけっこでいい順位をとってきたら「足が速いね」ではなく**「たくさん練習したもんね」「走っているフォームがすごくよかったよ」**などその子の努力や意識したポイントをほめてあげてください。

そうするとほかの物事に対してもチャレンジできるようになり、「やればできる子」から「本当にできる子」にどんどん変わっていくんじゃないかなと思います。

YouTubeで大反響
全ママパパ絶賛のスゴ技

自分から伸びる
子になるスゴ技

親と子の困ったが
解決するスゴ技

気持ちが上がる
ほめ方・叱り方のスゴ技

12 | 失敗を恐れて チャレンジしない子への 超シンプルな接し方

✕ もったいない！
失敗したことを叱るだけ

ただ叱られるだけだと、次もまた失敗したらどうしよう、と不安が大きくなってチャレンジできなくなります。

POINT

- 失敗したことを責めない
- 失敗しても大丈夫な安心感がチャレンジ精神のもと
- 「自分はこれが得意だぞ」と自信をもてるものを作る

YouTubeで大反響
全ママパパ絶賛のスゴ技

自分から伸びる
子になるスゴ技

親と子の困ったが
解決するスゴ技

気持ちが上がる
ほめ方・叱り方のスゴ技

○ **せっかくなら!**
**失敗したときの
リカバリー方法を伝える**

「失敗しても、こうやってリカバリーすればいいよ」と方法を伝えると、
次も安心してチャレンジできます。

解説は次ページ ▶▶▶

チャレンジ精神は、
自信をもつことと、
やり直せることから生まれる

「チャレンジ精神の強い子」がいる一方で、「失敗を恐れてなかなか行動できない子」もいます。チャレンジ精神の強い子に育ちやすくなる2つの簡単なポイントをお伝えします。

▶ 失敗したときのリカバリー方法を伝える

1つ目のポイントは、失敗したときのリカバリー方法を伝えることです。たとえば「お水が入ったコップをテーブルまで運ぶ」というチャレンジの途中で水をこぼしてしまったとき、「ちゃんとコップを持ちなさい」「まわりをよく見て」なんて言ったりすると思います。

でもこれだと、次回注意すべきことはわかるんですが、すでに起きてしまった失敗をどうリカバリーすればいいのかわかりません。その状態で「もう1回運んでごらん」と言われても、「またお水をこぼしちゃうかもしれない」と不安でチャレンジしにくくなってしまうんです。

もしまた失敗しても「こうすればいいんだ！」とイメージできるように、ここでは「お水をこぼしてしまったらぞうきんやティッシュでふけばいいんだよ」など、**すでに起こしてしまった問題をどうしたらリカバリーできるのか、解決できるのかを、あわせて伝える**必要があります。これで、失敗を恐れず挑戦しよ

うという気持ちが生まれやすくなるわけなんですね。

　たとえば何かを運ぶときに「これを落っことしちゃっても拾えばいいから、大丈夫だからね」とあらかじめ伝えておくと、**失敗を恐れがちな子でも不安が払拭されて、積極的にチャレンジしていく**姿に変わります。ぜひやってみてください。

　とはいえお子さんだけでは解決できないこともあるかもしれませんから、「どうしても困ったらママやパパ、先生を呼んでね」という言葉をかけておくと、お子さんの不安も出にくくなると思います。

▶ 自信をもてるものをひとつ作る

　そして2つ目のポイントは、**「自分はこれが得意だぞ」と自信をもてるものを作る**ことです。ボールを投げるのがうまいとか、お花の名前をたくさん知っているとか、なんならお着替えするのが上手でも、なんでもかまいません。お子さんが自分で「これが得意だ」と思えるものをひとつ作ってください。

　そうすると「自分はこれができるんだからあれもやってみよう」という**意欲が生まれ**、仮に失敗しても「まぁでもこっちは得意だから大丈夫」と、**自信を継続できる**んです。すると、また新しい何かがあったときに「あ、これやってみよう」と、**再び挑戦することができる**わけです。

　ただし、うまくできていないことを無理して「すごいね！　上手だねぇ」とほめるのは、逆に子どものプライドを傷つけてしまう可能性があります。ですからもう本当に**鼻をかむのでも、お水を飲むのでも、なんでもいい**ので、お子さんが自分で「これが上手だ」と自覚できるものをまずは見つけてあげてください。

YouTubeで大反響
全ママパパ絶賛のスゴ技

自分から伸びる
子になるスゴ技

親と子の困ったが
解決するスゴ技

気持ちが上がる
ほめ方・叱り方のスゴ技

13 | 新常識!　学力よりも大事!
世界中が注目する
子どもの自制心の育て方

✕ もったいない!
「我慢しなさい!」と叱る

今日は買わないって言ったでしょ
我慢しなさい!!

お菓子
買う〜!!

ビチ
ビ
チ

子どもはルールを守ったり衝動を抑えたりする理性がまだ発達しきっていないので、なかなか自分を抑えられません。

- 自制心は収入や社会的地位にかかわる重要なポイント
- ルールのある遊びを大人が意図的に仕掛ける
- 音楽に合わせて体を動かすなど簡単なことでも違う

> せっかくなら！

○ ルールのある遊びをくり返す

遊びの中でルールを守ることをたくさん経験すると、自制心が発達します。

解説は次ページ ▶▶▶ **67**

我慢させたり叱ったり
する必要なし!
遊びながらルールを
守る経験を積む

　今、世界中の教育業界が注目する「自制心」とは、文字通り自分の感情や欲望をコントロールする力です。これが強いかどうかで子どもの将来が大きく変わると言われています。

　アメリカのデューク大学で、自制心について30年にわたって1000人を追跡する研究が行われました。その結果、**自制心の強い子はそうでない子にくらべて、大人になったときに収入も社会的地位も高い**傾向が見られたそうです。IQが高い子が成功したならわかりますが、自制心も収入や社会的地位にかかわる重要なポイントだとは意外ですよね。

▶ ルールのある遊びをくり返し楽しむ

　こう聞くと皆さん、「えー!　うちの子の自制心も養いたいっ!」と思われるでしょうから、心理学でも推奨されているオススメの方法を紹介したいと思います。

　ポイントはたったひとつ。ルールのある遊びをくり返し楽しむ。これだけです。

　子どもって**大人のほうから提案しない限り、なかなかルールのある遊びに取り組もうとはしない**です。たとえばプラレールで「線路を5本と踏切を必ず使うようにしよう」とか、ボール遊びで「必ず1回ボールをバウンドさせてから投げよう」と

か、子どもからは言いませんよね。

　そこで、そういう機会を大人が意図的に仕掛けることで、子どもが自然とルールの中で楽しむ経験ができ、その結果、**自分がしたいようにやるだけではなく（もちろんこれも大事です）、自制心をもって行動する力が養われる**わけです。

▶ 遊びを２つ紹介します

　１つ目は**大人の動きを真似する遊び**で、リズム遊びはとくにくいつきがよくてオススメです。「じゃあママの音、真似してねー！」と言って、「いくよー！　パンパンパン！」って手拍子を打ちます。すると、子どもも「パンパンパン」と手拍子します。次は「パパンパパン、はい！」「パパンパパン」と少しずつ難しくしていきます。

　２つ目は**動物になりきって競争する遊び**。たとえば「向こうまでウサギさんになって競争ねー」と言って、頭の上で手をうさぎの耳みたいにして「ぴょん、ぴょん、ぴょん！」と飛びはねて競争します。向こうに着いたら「今度はカエルさんになって反対まで競争ね」と言って「ケロ、ケロ、ケロ！」と競争します。ちょっとした工夫で、ただ走るだけではない、ルールの中で楽しむ遊びにガラッと変えることができます。

　自制心と聞くと「我慢させなきゃ！」と思って「やっちゃダメ！」と声かけしたりしがちですが、**我慢させすぎてかえって我慢できなくなる**ということもあります。自制心は、電車の中で静かにしてほしいとか、ここは危ないから走らないでほしいというように、**日常生活でも大切な力**ですから、遊びの中で高めてあげられるといいですね。

YouTubeで大反響
全ママパパ絶賛のスゴ技

自分から伸びる
子になるスゴ技

親と子の困ったが
解決するスゴ技

気持ちが上がる
ほめ方・叱り方のスゴ技

14 | 3分あればできる！この遊びをするとわがままな子どもが変わる

✕ もったいない！
ただ「我慢しなさい」と叱る

よくないとわかっていても、子どもが自分の気持ちをコントロールするのは難しいものです。

POINT

- 子どもはわかっていても気持ちを抑えるのが難しい
- 簡単な遊びでセルフコントロール力は身につく
- コップや紙皿、ボール、トイレットペーパーの芯などを使う

せっかくなら！

〇 遊びの中で
気持ちを整える練習をする

机までコップ持って行けるかな？

そーっと

そーっと

YouTubeで大反響
全ママパパ絶賛のスゴ技

自分から伸びる
子になるスゴ技

親と子の困ったが
解決するスゴ技

気持ちが上がる
ほめ方・叱り方のスゴ技

「こうしたい」という気持ちを抑える機会を遊びの中で作ることで、
楽しみながらセルフコントロール力を高めることができます。

解説は次ページ ▶▶▶ 71

療育（発達支援）でも使われる！モンテッソーリ教育にもこういった活動がある

「うちの子、わがままでほんと困る！」とお悩みの方ってたくさんいらっしゃると思います。

　もちろん、子どもは「ママパパを困らせてやろう！」と思ってわがままを言っているわけではなくて、本当は、しなければならないこと、守らなければならないことはわかっているんです。でもそれ以上に**本能的に「こうしたい、ああしたい」という欲求が理性に勝ってしまって、葛藤の中でわがままな言動や行動をとってしまう**わけですね。

　こういう場合の対応として、育児書などで「子どもの話をきちんと聞いてあげましょう」とか、「大人のブレない一貫した態度をお子さんにしっかりと示していきましょう」と書かれていたりすることがあります。でも**「具体的にどうすればいいの？」**っていう部分がいまいちわかりづらく感じるときもありますよね。それに「毎度毎度それをやるのは無理だ〜！」って思うのも自然なことだと思います。

▶ コップと水を使った簡単遊びでOK

　そこで、そういったちょっとハードルの高い対応ではなく、子どもが楽しみながら自分自身をコントロールする力（自制心やセルフコントロール力といいます）を身につけられる遊びを紹介したいと

思います。

　用意するものはプラスチックや紙のコップです。それに、水を多めに入れてください。それを子どもに持ってもらって、「じゃあ、このお水をこぼさずにあっちまで行けるかな？」というゲームをします。

　水がなみなみと入ったコップを持ってこぼさずに歩くということは、当然、**思い通りにスタスタ歩いたり、ましてや走ったりすることはできません**。そこで子どもは、「本当はもっと早く歩きたい」という**気持ちを抑えながら、そーっとそーっと**向こうまで歩く必要が出てくるわけです。このときに鍛えられるのが自制心です。

　こういった一見ただの遊びに見える活動の中から、子どもは「本当はこうしたい、でもこうしなければならない」ということを、身につけることができるわけです。

　これは実際に**療育（発達支援）でも取り入れられている方法ですし、モンテッソーリ教育の中にもこういった活動があります**ので、ご家庭でも取り入れるといいと思います。

▶ **紙皿、ボール、トイレットペーパーの芯も使える**

　こぼれたり濡れたりするのが困るという場合は、バリエーションとして、紙皿の上に、ボールとか、トイレットペーパーの芯のような筒状のものなど、コロコロ転がるものをのせて歩く、なんていうのもいいと思います。お水の場合でも、外でやればこぼれるのを気にせずできますし、**お友だちと競争するのも盛り上がる**かもしれませんね。ぜひ遊びの中からセルフコントロール力を身につけさせてあげてください！　大人から見て「わがままだなー」と感じることが少なくなるかもしれません。

YouTubeで大反響
全ママパパ絶賛のスゴ技

自分から伸びる
子になるスゴ技

親と子の困ったが
解決するスゴ技

気持ちが上がる
ほめ方・叱り方のスゴ技

すぐできる度
★★★

15

子どものがんばる力が グングン育つ! 「自己有用感」を満たす言葉

もったいない!
がんばるよう促す

子どもは、大人の思い通りにがんばってはくれません。やる気や理由なくがんばるのは難しいものです。

POINT

- ちょっと難しいことをがんばれないのは、よくあること
- 自分が必要とされている実感を満たす
- 「あなたがいてくれてよかった！」と存在を認める

せっかくなら！

「自己有用感」を満たす 声かけをする

はるくんがいてくれて **よかったなぁ〜**

「○○がいてくれてよかった！」と子どもの「自己有用感」を満たすことで、前向きな気持ちになっていろいろなことにがんばれるようになります。

解説は次ページ ▶▶▶

子どもが何かしてくれたときは、感謝の言葉に加えて「あなたがいてくれてよかった!」と、存在を認める言葉をかける

　子どもが習い事を始めてすぐ「やめたい」と言ったり、ママパパと「これはがんばろう」と決めたことを諦めたりすること、ありますよね。そこで「がんばる力」「諦めない力」が育つとてもオススメの方法を紹介したいと思います。

　ポイントは「自己有用感」です。「自己肯定感」と似ているんですが、「自己肯定感」が自分の存在そのものを肯定する感覚なのに対して、**「自己有用感」は、「自分は誰かの役に立っている」「自分は必要とされている存在だ」というように、自分がやることやできることが、誰かに求められていて、認められている感覚**です。

　あくまで「自己肯定感」という基礎の上に成り立つ感覚なので、「自己有用感」だけあればいいとは考えないでください。そうでないと、つねに誰かに必要とされることを求めるようになって、他人への依存度が高くなりやすいです。

▶ 人は誰でも、何かの役に立てるとうれしい

　日本語には「貢献」という言葉があります。何かのために自分の力を尽くすことです。たいへん素晴らしいことですが、仮にその貢献を誰も認めてくれなかったらどうでしょうか？　自分の行動に意味はあったのか？　やってもやらなくても変わらなかっ

たのではないか？　いろいろな疑問が出てくると思います。

　ですから、貢献には「承認」が必要になります。**承認されると「自分の行動が認められた」「意味があった」「価値があった」という感覚を得られ、自然ともっとがんばろうと思えますよね。**それを日々実感することによって、「自分は必要とされる存在なんだ」「がんばるといいことがある」と自信がついたり、がんばる意欲もわいてきます。

▶ ○○ちゃんがいてくれてよかった！

　子育ての中であれば、お手伝いは「自己有用感」を得られるとてもいい機会だと思います。「パパ手が離せないから、ティッシュ取ってくれたら助かるな〜」、そんなレベルでかまいません。

　そして、ここがさらに重要なんですが、そのときに普通なら「ありがとう」「助かったよ」「うれしかった」などと言うと思うんですが、ここに**ある言葉を必ず足してください。**

　その言葉とは、**「○○ちゃんがいてくれてよかった！」**というひと言です。「ありがとう」「助かった」という言葉ももちろん素敵なんですが、これは子どもの「行動」に対する言葉ですよね。でもこの「○○ちゃんがいてくれてよかった」という言葉は、**行動ではなく、存在そのものに対する言葉**です。この言葉によって、子どもは「ママパパの役に立ってるんだ」「必要とされているんだ！」といった気持ち、すなわち「自己有用感」が満たされるんです。**誰かの役に立ったといううれしさから、「もっとがんばろう！」といういいサイクルにつながります。**

　子どもが何かしてくれたときは、ぜひ、感謝の言葉だけではなくて「あなたがいてくれてよかった！」と、存在を認める言葉をかけてみてください。

YouTubeで大反響
全ママパパ絶賛のスゴ技

自分から伸びる
子になるスゴ技

親と子の困ったを
解決するスゴ技

気持ちが上がる
ほめ方・叱り方のスゴ技

16 | 「こうなってほしい」姿に 子どもが近づく 心理学の応用

もったいない！

やっていないことを責める

ピアノ練習
したの？
ちゃんと
しないと
先生に
叱られ
ちゃうよ!!

ガミ

ガミ

めんどくさい
やだな…

「練習しなきゃダメでしょ！」という言い方は、「練習をしないダメな自分」というマイナスのイメージを強化して、ますますやらなくなってしまいます。

POINT

- 心理学で「自己成就的予言」と呼ばれる方法
- 思い込みの力で状況がどんどん好転する
- マイナス方向の思い込みに注意

YouTubeで大反響
全ママパパ絶賛のスゴ技

自分から伸びる
子になるスゴ技

親と子の困ったが
解決するスゴ技

気持ちが上がる
ほめ方・叱り方のスゴ技

せっかくなら！

○ ほんのちょっとでも、できたことをほめる

楽譜開いて
素敵だね

練習する！！

やってほしいことの1割でも達成していたらほめましょう。「練習ができた自分／できる自分」というプラスのイメージにつながることで、本当にそういう子になっていきます。もっとやってほしいという気持ちはいったん置いておきましょう。

解説は次ページ ▶▶▶

79

ほとんどできていなくても、できた1割をほめると効果絶大！思い込みのパワーで自信がつく

「もっとお手伝いしてほしいな」「ピアノがんばってほしいな」など、子どもが成長してこうなってほしいという姿を思い描いたりしますよね。そんな姿に近づきやすくなる方法があります。心理学で「自己成就的予言」と呼ばれる方法で、簡単に言うと、**思い込みを力にする**ことです。

僕の実例なんですが、一時期肌荒れに悩んでいたことがありました。そのときある友人から突然「肌キレイだね」と言われたんです。「いやいやそんなことないよ！」と否定したんですが、家でひとりになったときに鏡を見ながら「僕って肌キレイなのかぁ？」って思ったりするんですね（笑）。

それが思い込みの力となってスキンケアをがんばったり、肌にいい食べ物を食べてみようという行動につながって、肌荒れが治ったことがありました。

▶ 思い込みのパワーを子育てに流用！

たとえばお片づけをしない子が、少しでもお片づけできたときはチャンスです。もし10個のうち1個しか片づけられなかったら、普通は「もうちょっとお片づけがんばって」みたいに言うと思うんです。でも9割はできていなくても、できた1割に目を向けて「お片づけできたね！ 素敵だね！」と言ってあげると、子ど

もは**「自分でお片づけできたんだ」「できるんだ!」と思い込むことができて、本当にお片づけができる子に近づいていきます**。

　電車でうるさくしてしまう子なら、20分電車に乗っているうちの1分、あるいは30秒とか10秒でもいいです。静かにできた時間があったら「今日電車で静かにママにお話ししてくれたね！ママうれしかったなぁ！」なんて言ってあげると、「あ、ぼくは電車で静かにできるんだ」と**自信がつき、静かにできるようになっていく**わけです。

　ちなみに、この方法の効果を強める方法もあります。それは**「具体的に言ってあげる」**ということ。

　お片づけの例でいえば、ただ「お片づけできたね」と言うのではなく、「あ、青い積み木をお片づけできたね！　ママ見てたよ！」と具体的に言ってあげると、子どもは自分の行動をもっと明確に振り返ることができ、「あ、そうかこうすればいいんだ」というイメージがもちやすくなります。

▶ マイナス方向の思い込みは逆効果

　ただし、マイナス方向の思い込みは逆効果になるので要注意です。たとえば「お着替え遅いから、もう少しがんばってごらん」みたいに、よくない部分を指摘して改善を促すと、「ぼくはお着替えが遅い」という思い込みからさらに苦手になる場合があります。

　小さな子はまだ自分の能力を客観的に評価できないので、悪いことも素直に受け取ってしまいます。**思い込みのパワーをマイナス方向でなく、プラス方向になる使い方をすれば、絶大な効果があります**。

YouTubeで大反響
全ママパパ絶賛のスゴ技

自分から伸びる
子になるスゴ技

親と子の困ったが
解決するスゴ技

気持ちが上がる
ほめ方・叱り方のスゴ技

すぐできる度
★★★

17 | 今すぐ変わり始める！
子どもが積極的になる方法

もったいない！

突然新しいことを始めさせる

子どもは自分には難しそうだと思うことをやりたがりません。自分に自信がない子ほど、そう思いがちです。

POINT

- できていることをほめて自信をつける
- フセンを使って自信を見える化&定着化
- いつも見える場所に貼ることが大事

YouTubeで大反響
全ママパパ絶賛のスゴ技

自分から伸びる
子になるスゴ技

親と子の困ったが
解決するスゴ技

気持ちが上がる
ほめ方・叱り方のスゴ技

せっかくなら!

〇 できることを見せて
　自信をもたせる

些細なことでも、できたことをフセンに書いて貼る。「こんなにできることが増えた」という自信ができ、新しいことにも積極的になれます。

解説は次ページ ▶▶▶　　　**83**

子どもを積極的にさせるのにフセンほどお手軽なグッズはないです！

　子どもが物事に対してあまり積極的になれないことってありますよね。**こういう子たちを見ていると、まずは自信をつけさせてあげたいな**と思うわけですが、いちばん簡単な方法は、「これができたね」「あれもできたね」と認めてほめてあげることです。

　もしも「うちの子、どこをほめたらいいの？」と困ってしまうときは、ぜひ**すでにできていること、いつもやっていることを改めてほめる**ということを試してほしいと思います。

　これ、すごく簡単です。たとえば僕の場合、子どもたちが保育園に登園してきたときに、**「おお！　今日も朝起きて保育園来たね。やったね～！」**とか言ったりしています。

　ごはんを食べているときも、**「○○くん、スプーン使うのうまいね」**なんて、もう毎日使っているのにあえて言うと、**「自分はスプーン使うのうまいんだ」**とちょっとうれしくなって、自信をもったりする**わけです。

　いつもやっていることを改めてほめられることによって、できることがたくさんあると意識できます。**いつの間にか自信をもって、未知のことに対しても「できるかもしれない」と積極的になっていく**わけです。

▶ 自信をためる方法

　では、これだけで子どもに自信の蓄積ができるかというと、やっぱり忘れちゃう場合も多いわけですよね。毎日の生活の中では、できることは日々当たり前になってしまうので、「できないなぁ」「苦手だなぁ」というマイナスの感情が先にきて、できないことばかり気にしてしまいがちです。ですから、**できることをつねに思い出して覚えている**必要があるわけです。

▶ フセンの使い方

　そこで！　**魔法のグッズの登場です。そのグッズは何かというと、フセンです**。もうこれだけあればOKです！

　「靴が上手にはける」とか「朝起きるのが得意」「お片づけが最近うまくなった」「お着替えが早くなった」「ごはんをおいしそうに食べられる」とかなんでもいいので、気づいたときにできたことを日々フセンに書いて、冷蔵庫とか壁とか、あればホワイトボードなんかに貼っていくわけです。

　そうやって、「これもできるようになったね。これもだね」っていうことを足していきます。すると、**子どもは聞いて認識するより視覚で見たほうがわかりやすい性質がある**ので、パッと見て「あ、こんなにできることあるんだ」っていうのがわかるうえに、いつでも思い出せるから定着しやすいというわけです。文字が読めない年齢のお子さんならイラストでもOKです。

　お子さんがちょっと自信がなさそうだな、消極的だなと思ったら、「これもできる、あれもできる」と**今できていることをフセンに書いて貼って可視化していく、そしてこれからもできたことを足してためていく**っていう方法。本当にオススメです！

18 | 頭も気持ちも 切り替えが早い子に! かんしゃくにも効果あり

もったいない!
✕ 切り替えを指示する

ごはんだから
お片づけしよっか!!

やだっ!!
まだ
遊ぶ!!

脳の「抑制機能」が育っていないと気持ちの切り替えは難しく、次の行動に移れません。

POINT

- すぐに切り替えられる子どもは、なかなかいない
- カード遊びや「だるまさんがころんだ」で練習できる
- 3〜5歳くらいから脳の「抑制機能」がぐんと高まる

YouTubeで大反響
全ママパパ絶賛のスゴ技

自分から伸びる
子になるスゴ技

親と子の困ったが
解決するスゴ技

気持ちが上がる
ほめ方・叱り方のスゴ技

せっかくなら！

○ 遊びの中で 我慢する経験を積む

ルール！ 🌙 のカードが出たら「ひる」と答える

☀️ のカードが出たら「よる」と答える

よる!!

おひさまは？

「こうしたいという気持ちを我慢する」経験を遊びの中で鍛えることで、脳の「抑制機能」が発達します。

解説は次ページ ▶▶▶ 87

切り替える力は
3〜5歳ぐらいから高まる！
おうちで簡単にできる
練習方法があります

「ごはんだからゲームはおしまい」「おうちに帰る時間だよ」と、次の行動に移りたいときに **「はーい!」ってすぐに切り替えられるお子さん、なかなかいない** ですよね。

　頭の切り替えを行ううえで必要なのが、「抑制機能」です。これが働かないと、今やっていることや考えていることを止められず、いつまでもそこから離れることができません。当然、次にやることにも移りづらいわけです。

　脳の「抑制機能」は「まだ遊んでいたいけどお片づけしなきゃいけない」といった「自分の気持ちを抑える」経験をくり返すことで育っていきます。**その経験自体が少なかったりすると、気持ちの切り替えや行動の切り替えに時間がかかる** ケースも出てきます。そこで、生活の中で「抑制機能」を自然に高める遊びを行っていきましょう。

▶ 文字を読まずに色を答える課題

「抑制機能」を訓練するために、アメリカの心理学者ジョン・ストループが作った「ストループ課題」があります。これは、さまざまな色の名前が書かれた文字を見て答えるのですが、文字を読むのではなく、その文字が何色で書かれているのかを答えるというものです。つまり、「白」という文字が赤で書いてあっ

たら「赤」と答え、「青」という文字が黒で書いてあったら「黒」と答えます。やってみると意外と難しく感じると思います。

　この課題では、文字をパッと読んで「白」と言いたい気持ちを我慢して「赤」と色を答えるという、別の行動をする経験を積む課題なんですね。**ひらがなが十分読める子**であれば、紙にカラーペンで書いた物を用意して一緒に遊んでみるといいと思います。

　未就学のお子さん向けには、これを簡単にした「Day/Night 課題」があります。おひさまのカードが出てきたときには「よる」と答え、おつきさまのカードが出てきたときには「ひる」と答える、というものです。

▶「だるまさんがころんだ」も効果あり

　伝統的な遊び「だるまさんがころんだ」も、「**抑制機能」を鍛えるのにぴったり**です。これは、鬼が「だるまさんがころんだ」と言っている間しか動けないルールですし、鬼が振り向いたときにはまだ進みたいけど止まらないといけない。だから「抑制機能」が育つわけです。

　もっと小さな子でもできるものとしては、もう単純に**ママやパパと一緒に歩いているとき、お互いに「ストップ！」と言われたら止まる**。また歩き出して「ストップ！」と言ったら止まるという遊びもいいと思います。たったこれだけのことでも、脳の「抑制機能」が育つきっかけになります。

　この「抑制機能」はだいたい**3歳から5歳ぐらいのときにぐんと高まり始める**ものなので、ぜひその時期に合わせて、こうした遊びをやってみてください。

19 | 人の話を最後まで聞けない子が今すぐできるようになる驚きの方法

✕ もったいない！「最後まで聞いて！」と言う

子どもにとって、「言いたいことを我慢して人のお話を最後まで聞く」ということはかなり難しいことです。

POINT

- 言葉だけで伝えても、子どもにはわかりにくい
- イラストを使うとその場で解決する
- くり返すことで、最後まで話を聞けるようになる

YouTubeで大反響
全ママパパ絶賛のスゴ技

自分から伸びる
子になるスゴ技

親と子の困ったが
解決するスゴ技

気持ちが上がる
ほめ方・叱り方のスゴ技

○ せっかくなら！ イラストを使う

まずはママから
お話しするね!!

お口の絵を持ってる
人がお話しする人
お耳の絵を持ってる
人が聞く人だよ

うん

「話をする人」「聞く人」を視覚によってはっきりさせることで、子どもは「今どうすればいいのか」はっきりと理解できます。

解説は次ページ ▶▶▶

イラストを使って
「話す番」「聞く番」が
はっきりわかるので、
本当にその場で変わります！

　人がお話をしているときに、それをさえぎって自分のお話を始めちゃう子っていますよね。大人なら人がお話ししているときにそれを遮ったり、割り込む形で自分の話を始めることが失礼だ、よくないことだと理解しています。大人は脳が発達しているため、「話したい」という欲求を自制する力も身につけています……いや、ない人もいますね（笑）。

▶ イラストを使って問題解決

　そんなふうに大人でも難しいくらいなので、子どもには「話を最後まで聞く」のはかなり難しいことなんです。**「人の話は最後まで聞きなさい！」って注意したりすると思うんですが、これだと子どもには伝わりにくい**んです。

　そんなときに役立つのがメトロポリタン州立大学の心理学者らが開発した「ツールズ オブ ザ マインド」というプログラムです。代表的なものをひとつご紹介します。

　アメリカで行われた実証実験でも効果が認められた方法として、「バディーリーディング」というものがあります。

　話す側の人は「人が話しているイラスト」や「唇の絵」を持ちます。そしてもう一方の、**話を聞く側の人は「話を聞いている人のイラスト」や「耳の絵」**を持ちます。

こうすることによって、**「今は誰がお話をする時間なのか」を視覚によって確認でき**、「いつまで相手の話が続くのかわからない不透明さ」「いつ自分が話を始めていいのかわからないあいまいさ」を解消することができるわけです。

「人の話は最後まで聞きなさい！」と言われても、話したいことがいっぱいたまってきた子は、話がいつまで続くのか、今話に割って入ってもいいのかわからず、我慢できませんよね。イラストで目に見える形にすれば、「今はママパパがお話ししているよね。○○くんは今はお話を聞く番だよね」ということがはるかにわかりやすくなるんです。

もちろんこれは、話す側が一方的にずーっと話し続けるものではありません。**きちんと役割を交代して、今はこちらが聞く番、今はこちらが話す番、ということをどちらもきちんと体験できるように**してあげてください。

▶ 園 や 学校 でも 効果 が 確認 さ れ た 方 法

子どもは、**耳から得る情報よりも、目で見る情報のほうがはっきりとらえやすい**んです。言葉による注意だけでお子さんに伝えるよりも、イラストを活用することによって視覚でも認識できるようになり、より自制心が働きやすくなります。これをくり返すことによって、お子さんがきちんと最後まで人の話を聞くということも身につけやすくなると思います。

最近は**小中学校に限らず、保育園や幼稚園でもディベートのような活動を行う**ことがあったりして、その際にもこの「バディーリーディング」が**すごく効果を認められています**。ぜひご家庭でも試してみるといいんじゃないかなと思います。

YouTubeで大反響
全ママパパ絶賛のスゴ技

自分から伸びる
子になるスゴ技

親と子の困ったが
解決するスゴ技

気持ちが上がる
ほめ方・叱り方のスゴ技

「生きる力」って?

社会の変化が激しい今、「生きる力」が注目されていますよね。いわゆる「非認知能力」というものです。

僕は、生きる力の大前提になるものは「自己肯定感」だと思っています。なぜなら、自己肯定感がないと人は積極的に行動できないから。自信がもてずに、やりたいことがあってもチャレンジできなかったり、自主性や自発性に乏しくなってしまったりするからです。

反対に、自己肯定感の高い人は、自分からどんどん行動できます。だって「自分はこれができるかもしれない」って思えることが多いし、できないかもしれないと思っても、失敗を恐れず立ち向かう心の強さをもっているからです。

まずは自己肯定感さえあればいい

「生きる力」って総合的な言葉で、その中に含まれることは、「やり抜く力」「好奇心」「自制心」、人によっては「ユーモア」だったり、いろんな力が含まれると思いますが、大前提として自己肯定感さえあれば、そういった**個々の環境や、やりたいことによって必要となってくる力は、勝手にその上に乗ってくる**んじゃないかなと思うんです。

じゃあその自己肯定感を子どもが身につけるにはどうしたら

いいかというと、難しく考える必要はまったくなくて、その子がどんな活動や遊びのなかから自信をもつことができるかなと考え、やっていくことだと思います。だって、無理やりやらされて、ただ叱られて、自分のダメなところばかり言われていたら、子どもの自己肯定感は高くなりませんよね。

　だからとにかく、**子どもが興味をもって楽しんで取り組んでいることに対して、大人がきちんと目を向けて認めていけば、子どもは自然と、その物事に対する自信をもつことができます**。そういった自信がやがて自己肯定感につながります。そして自己肯定感があれば、自分自身に必要な力が勝手に育ってくると思うので、極論、自己肯定感さえあれば大丈夫だと思います。

勉強ってやっぱり必要？

　こういう話のとき、「勉強はさせたほうがいいですか？」と聞かれることもあるんですが、僕は、勉強はやっぱりしたほうがいいと思っています。その理由は、勉強の内容自体ではなくて、**勉強によって、将来、夢や目標をもったとき、それを実現するためにたどっていく点を増やすことができる**からなんです。

　ここでいう点というのはたとえば、字が書けるとか、計算ができるとか、何か知識があるといったこともそうだし、友だちと林の中で遊んだ体験とか、家族でどこかへ行った思い出もそうです。**自分が何か新しいことをしたいと思ったとき、そういったたくさんの体験や思い出や知識のどれかがふっ**

とつながっていって、**目標にたどりつける**ことがあると思うんです。この点は、目標を達成するために用意したものではありません。あとから気がついたらつながっているものなんです。そして勉強もその点のひとつなんです。

とくに学校の勉強って、**興味のないことを、言い方はよくないですが、無理やり学ぶことができる機会**なんです。「こんなの何に役立つの?」と思う内容でも、それもきちんと点となって子どもの将来につながることがたくさんあります。

点をどれだけ増やせるか

もしも小さいころから自分の好きなことだけしていたら、いざ興味の対象が変わったときや、生きるうえで必要なものが変わったときに、完全なゼロの状態から始めなければなりません。

だから、**やりたいことをやるのも大事だし、そこに時間をかけるのもいいけれど、それと同じくらい大事なのが、「点をどれだけ増やせるか」**だと思います。くり返しになりますが、その点のひとつが勉強によって得る知識です。

僕自身、子どものころ「これ、なんのためにやってるんだろうな」って思っていたことって、あとから考えると意外と点になっていることが多いです。たとえば英語は、学生のころは「英語を使う職業になんかつかない」と思っていたのに、今は実際、保育園にいる外国人の先生とのコミュニケーションに役立っていますから。

第 3 章

親と子の困ったが解決するスゴ技

20 ⟶ 34

20 | 「約束ね」と言ったことを守らない子どもが最短3日で変わる方法

✕ もったいない！
一方的に約束して、「さっき約束したでしょ！」と叱る

大人が子どもとする「約束」は、約束というより、一方的な「命令」になっていたり、子どもにとって非常にハードルの高い内容を求めてしまっていることが多く、子どもはなかなか守れません。

POINT

● 大人が言う「約束ね」、実際は「難しい命令」になりがち
● 絶対に守れる簡単な約束で「約束を守れた」体験をさせる
● 少しずつレベルを上げると、できることが増える

せっかくなら！

まずは簡単にできる約束をして、「守れたね!」とほめる

「子どもが守りやすい約束」をして、「お約束守れた!」という成功体験を積み重ねていくことが大事です。子どもは自信がつき、より難しい約束も守れることにつながります。

解説は次ページ ▶ ▶ ▶   **99**

お片づけなら1個から！
超簡単なお約束であっても、
「守れた」成功体験は大きい

　なぜ子どもが約束を守るのが難しいかというと、僕たち大人と子どものあいだの約束は、「約束」という名の「命令」であることが多いからなんです。

　たとえば「これからお電話するから静かにしていてね。約束だよ」と言っても、少し時間がたったら騒いでしまうのが子どもですよね。そして大人はそれを重々承知しているからこそ、必ず静かにしてほしいという願いを込めて「約束だよ」と言います。**でもこの約束はお互いが納得して決めたものではなく、実際は大人からの一方的な命令になっている**わけです。

　さらに、この「約束」を子どもが守れなかったとき、大人は「約束したのになんで守れないの！」なんて言ってしまいます。その結果どうなるかというと、子どもは自分のことを「約束が守れない子だ」という負の意識をもってしまうんです。自分が大好きなママやパパや先生に「約束ね」と言われたのに、それを守れない自分に嫌気がさしてしまうわけです。それが続くと、子どもの自尊心や自己肯定感がそがれて自己嫌悪になり、もっと約束が守れないという負のループに陥っていきます。

▶ お約束の中身のハードルを下げる

　ではどうすればいいのか。2つオススメの方法があります。

１つ目の方法は、**子どもが必ず守れる約束をして、それを守ることができたという成功体験を重ねる**ことです。たとえば「ごはんの時間になったらおもちゃひとつお片づけしよう。約束ね」と設定するとだいぶハードルが下がります。そして時間になったら「あ、おもちゃひとつ片づけるお約束だったね」と伝えて、それができたら「お約束守れたね。ありがとう。ママパパうれしいな」と言ってあげましょう。すると子どもが**「ちゃんとお約束を守れるんだ」**と、自分自身にいいイメージをもてます。そして**自信がついてきたところで、子どもが守れそうな範囲で約束をレベルアップ**してみます。

　たとえば、「じゃあ今度はおもちゃふたつお片づけできるかな」と。すると子どもは**ちょっと難しくなった約束も守ることができる自分**という、さらなる自信がつきます。それが積み重なっていくと、最終的に全部片づけられるところにつながっていくわけです。この方法、僕が知っている限り、**早い子では3日でガラッと変わった子もいる**ので、お困りの方は試してみてください！

▶ 子どもがタイマーのスタートボタンを押す

　２つ目の方法は約束をするときに子どもを巻き込むことです。といっても、「YouTube を見ていい時間を子どもに自由に決めさせる」といったことではなくて、たとえばこの場合なら、大人と一緒に時間を決めて、タイマーのセットやスタートボタンを押すところを子どもにしてもらうんです。

　するとその約束は子ども自身が参加した約束になるので、守りやすくなります。お片づけの場合でも、子どもに「いくつお片づけできそうかな？」と聞いて一緒に決めると、より効果が高まるんじゃないかと思います。

21 | 「ママ、お茶!」 「ママはお茶じゃありません」 これよりうまくいく方法

「ママ、お茶!」のように単語ひと言で言ってきたとき、上のような受け答えだと、子どもはとまどってしまいます。なぜなら、少し前まではこの言い方でちゃんと要求を聞いてもらえていたからです。

- ちょっと前までは単語で許されていた
- 大人も単語で話している
- あえて察しの悪いふりをして、気づかせる

○ せっかくなら！
うん、お茶っておいしいよねぇ

子どもの要求に先回りして応えるよりも、「わからないふり」で、子どもが自分から伝える場面を作りましょう。

解説は次ページ ▶▶▶

もう怖い顔で注意しなくていい！
大人が察しの悪いふりをすると
子どもが自然とできるようになる

「ママ、お茶！」「パパ、ブロック！」「先生、おやつ！」

子どもがこんなふうに言ってくること、よくありますよね。

こんなときよくある受け答えが、

「ママはお茶じゃありません」

「ブロックが何なの？　最後まで言わないとわかんないよ」

といった答え方。大人は、「自分で気づいて言い直してほしい」と思って**ある種突き放すような言い方をするんですが、これ、子どもは混乱してしまう**んです。

というのも、言葉が出はじめのころは「ママ、お茶！」って言ったら「お茶って言えたねー！」とよろこんでお茶をいれてくれたし、「パパ、ブロック！」と言ったらすぐにブロックを取ってくれたからなんです。それが**ある日突然通じなくなるので、どうしたらいいのかわからなくなって、コミュニケーションを図ったり言葉を発したりするのもいやという状態**になりかねないのです。

▶ 子どもが「単語で通じる状態」を学んでいる

なぜ子どもがひと言で済ませようとするのか、大きく分けると2つ理由があると言われています。

まず1つ目が、やはり僕たち大人の言葉の影響です。たとえ

ば「ハイ起きて」「片づけて」など、無意識にひと言で伝えることってよくありますよね。

　2つ目は、大人の察しがよすぎることです。子どもが大きくなっても、たとえば「えーと」と何かを探していたら「あーこのおもちゃね。はい」と手渡したり、鼻水をたらした子が「ママ」と言ってそばに来たら「はいはい、おはな出てるね」とティッシュでふいたりと、先回りしてやってしまうことがあると思うんです。その経験を積み重ねていくと、子どもの中で「あ、最後まで言わなくても伝わるんだ」という意識ができるわけですね。

▶ 大人の言葉しだいで変わる

　じゃあどうすればいいかというと答えはとっても簡単で、まず1つ目としては僕たち大人が**ひと言でのコミュニケーションを極力避ける**ことです。たとえば朝起こすときは「朝ごはんだから起きて」、お片づけも「これからお出かけするから、お片づけしてね」と、**理由を前に言う**ことでできます。

　そして2つ目として、これが非常に重要なんですが、**大人が察しの悪い人間を演出＆演技する**のがとても効果的です。

　「ママ、お茶」「うん、お茶っておいしいよねぇ」
　「パパ、ブロック」「うん、パパもブロック好きだな」

　といった具合です。子どもが「あっ、ちゃんと言わなくちゃ、わからないんだな」と自分で気がつくことによって、言葉で伝えようとする姿につながっていくと思います。

　わざわざ怖い顔をしながら、「ママはお茶じゃないよ」「最後まで言わないとわかんないよ」といった言い方や注意をしなくても、**大人が察しの悪いふりをすると効果的です**。ぜひやってみてください。

22 | 子どもが人に聞こえるように「失礼なこと」を言わなくなる方法

✕ もったいない！
そんなこと言っちゃダメ！

コラ!! そんなこと言っちゃダメ

あの人頭つるつる!! どうして？

子どもが、大きな声で失礼なことを言うのはよくあること。いろいろなことに興味いっぱいで、思ったことをそのまま口に出してしまいます。

POINT

- いろんな人を見て「不思議だ」と思う気持ちは止められない
- 気持ちにフタをすると、消化できず同じことをくり返す
- 持ち帰る約束をして、気持ちを吐き出す場所を確保する

YouTubeで大反響 全ママパパ絶賛のスゴ技

自分から伸びる 子になるスゴ技

せっかくなら!

言われたくない人もいるから、おうちに帰ったらママに教えてね

なっちゃんが不思議だなと思ったこと 言われたくないと思う人もいるから、おうちに帰ってママに教えてね

頭つるつる!! どうして?

親と子の困ったが 解決するスゴ技

気持ちが上がる ほめ方・叱り方のスゴ技

その場で言わずに持ち帰ってもらうことを約束し、おうちで「不思議だな」と思う気持ちを十分に受けとめましょう。

解説は次ページ ▶▶▶ 107

もうあせらなくて大丈夫！
子どもが不思議に思う
気持ちを吐き出す場所を確保

　子どもが大声で「あの人でぶっちょ」「あの人髪の毛ないね！」なんて言って大慌てっていうこと、ありますよね。大人はあせって、「そんなこと言っちゃダメ！」「そんなこと言ったら失礼でしょ」と叱ったりすると思いますが、じつは**「ダメ」「失礼よ」と言っても子どもには響かず、同じことをくり返してしまう**ことが多いんです。なぜかというと、脳の発達段階としてまだ「相手の立場に立って物事を考える」ことが難しいから。この機能は小学生くらいから扱えるようになり始めると言われていて、小さい子には難しいんですね。

▶ 子どもたちは不思議に思うことがいっぱい

　子どもたちは、未知のものに興味津々で「あの人はどうしてこうなんだろう」「あれはどうなっているんだろう」と不思議に思うことばかり。それをそのまま口に出してしまうんです。

　じゃあどうすればいいのかというと、**「その場で言わずに、持って帰る」ことを約束**するといいです。

　まず、子どもが何か失礼なことを言ってしまったとき、**「そういうことを言われるとうれしくない人、いやな人もいるんだよ」ということは、その場でお話しします**。そのうえで「〇〇ちゃんがいろんな人を見て、あの人はなんでこうなんだろう？

この人はなんでこうなんだろう？　って不思議に思うことあると思うんだけど、それはあとでママやパパに教えてね」と伝えましょう。そうすることで、**子どもが不思議だなと思った気持ちを吐き出す場所の確保**ができますよね。

▶ 疑問を「持ち帰る」ことが重要

　僕も、子どもが失礼なことを言ってしまう場面って、たくさん遭遇します。

　あるとき、とくにその傾向が強いお子さんにこの対応をしたところ、みんなでお散歩をしているときに、松葉づえをついている人に出会ったんです。いつもならその子は、「あの人どうして棒を持ってるの？」なんて言う場面ですが、**その場では何も言わず**、保育園に戻ってきてから「先生、今日こうやって（松葉づえをついている真似）やってる人がいたよねー。どうして？」って聞いてくれたんです。僕は「ああ、わかってくれたんだなぁ」って感動しました。そこで、松葉づえはこういうもので、こういう人が使うんだよとお話ししたら、納得してくれたんです。その後、車椅子の人や、盲導犬を連れた人に出会ったときにも、その子は必ず保育園に戻ってきてから「今日散歩のときにこういう人がいたよね。どうして？」って聞いてくれるようになりました。

　また、もちろん子どもが何か失礼なことを言ってしまって、それが**相手に聞こえたときには、大人がきちんと謝ってから、この対応を行うこと**をオススメします。それに加えて、人間というのは、ムキムキな人もいるし、細い人もいるし、声が高い人、声が低い人もいるし、**いろんな人がいるんだよ、それが当たり前なんだよ**ってことも、少しずつお子さんに伝えていくと、よりいいんじゃないかなと思います。

23 | その場で注意するよりラク！子どもがルールや決まりを守りやすくなる手順／その1

✕ もったいない！
ルールや決まりを言葉で伝える

> 電車の中では静かにするってお約束したでしょ!!

「電車で大きな声を出しちゃダメ」「道路に飛び出さない」といったルールや決まりは、言葉で伝えておいても、いざ本番のとき子どもは忘れてしまうことがあります。

POINT

- スポーツや勉強と同じで、練習が不可欠
- 守れないときに注意しても、子どもには効果なし
- 遊びの中で場面を想定すると、すんなりできる

せっかくなら!

ルールや決まりを練習しておく

お出かけごっこしよう!!

今日は遊園地に電車で行きまーす

はい、電車に乗りましたー

静かにしようね

しーっ

しーっ

遊びの中でルールを守る練習をしてイメージしておくと、いざ本番のときにもできるようになります。

解説は次ページ ▶▶▶ **111**

遊び方ひとつで効果てきめん！おままごとで電車に乗る場面を作ってみよう

　勉強していないのにテストでいい点を取ったり、練習もしていないのにスポーツの試合で活躍することはできませんよね。それと同様に、**ルールや決まりも、練習をしておくことによってはじめて、子どもが本番で実行できる**ようになっていきます。

▶ 注意をしても、なかなか効果が出ないのが現実

　たとえば、「道路に飛び出してはいけません」「電車の中で大きな声を出してはいけません」というルールを子どもに教えておいても、それを守ることができないことがあります。

　そんなとき、「危ないから飛び出しちゃダメって言ったでしょ！」「ほかの人の迷惑になるからやめなさい」と注意をしても、なかなか効果が出ないのが現実です。

　子どもも大人もそうですが、**経験が少ないことを正しく実行するのは難しい**んです。

　実際に道路で走ってから、「走るな！」と叱ったり、実際に電車で大きな声を出してから「静かにしなさい」と叱ったりするのは、つまり試合中やテスト中などの本番中に叱るようなものなんですね。

▶ 日常のルールや決まりの練習方法

じゃあどうすればいいのかというと、もう答えは出ていますよね。練習です。ルールや決まりにも練習を設けます。ただその練習も、ああしなさい、こうしなさいといった堅苦しいものだと当然子どもはやりたがらないので、**子どもが好きな遊びの中に練習を組み込んでみます。**

たとえば、おままごと中にコンビニやスーパーにお買い物に行こうと提案して、一緒にお部屋の中を歩きます。そのときに、「じゃあここは道路ね。車が走っていて危ないからゆっくり歩こうね」なんて言ってシミュレーションしておくと、いざお散歩などの本番を迎えたときに、**「おままごとで練習したね」と声をかける**と、子どもが実行しやすくなります。

電車で大きな声を出すというのも同様です。乗りものごっこで電車に乗る場面を作って、「あ、電車に乗るから静かにしなきゃね、だってみんながびっくりしちゃうもんね」なんて言うだけで、子どもは自然とイメージして、練習へつなげることができます。

▶ その場での修正は難しいのでぜひ！

本番中に「走らないよー」「大きな声を出しちゃダメ」なんて注意をしても子どもの耳には届きにくいですし、その場で修正をすることはたいへん難しいです。なので、こういった**お遊びの中で、ルールや決まりを守ってほしい場面を想定して、「このときはこうしようね」と練習をしておく**ことにより、いざ本番が来たときにはお子さんたちが、今までよりもはるかに自然と実行しやすくなると思います。

すぐできる度
★★★

24 | その場で注意するよりラク！子どもがルールや決まりを守りやすくなる手順／その2

もったいない！

✕ 静かにしてって言ったでしょ！

子どもは、注意されたことを少しのあいだは守ることができますが、長くは続かないことが多いです。

POINT

- 「静かに」と言われた直後、子どもは一瞬静かになる
- 好ましい姿に変わった瞬間を逃さずほめる
- 子どもが飽きる前に「追加のほめ」を入れる

せっかくなら!

**うん、静かにできてるね!
素敵だよ!**

注意したことを子どもが守っても、大人はそれが当たり前だと思って、ほめないことが多いですよね。子どもはすぐにほめることで、「この状態がいいんだ」と理解して、いい状態を維持しやすくなります。

解説は次ページ ▶▶▶ **115**

子どもの集中は長くは続きません！そもそも言われたことも長く覚えていないんです

たとえばレストランでお食事中に、「静かにしてね」と言っても、大声を出してふざけてしまうお子さんは多いと思います。そういった場合に言われたことを守れるようになる方法があります。

じつは「静かに」と言われた直後の一瞬、子どもは静かになっていると思うんです。ポイントはこのときの対応です！

▶「できたその一瞬」をほめる

残念なことに大人は、その一瞬静かになった子をふっと見て「あ、静かになったわ」と思うだけで、「それでさぁ」とまた話し始めてしまったりします。

つまり大人は、子どもが言うことを聞いてくれた時点で完結してしまうんですが、子どもはこのとき、自分がやっていることが正しいのか間違っているのか確認が取れていないんです。必要なことはとっても簡単で、**「できたその一瞬」をほめる**んです。「静かに」と言った瞬間に子どもがすっと一瞬静かになったら、**好ましくない姿から好ましい姿に変わった瞬間を逃さずに「ちゃんとできるね」とほめる**わけです。そうすると子ども自身が「あ、これが正しいんだな」「ママパパは自分にこうしてほしかったんだな」と初めて理解します。「一瞬できたらそこでほめる」を大事にしてみてください。

「そうはいっても、守るのは一瞬で、持続しないんだよね」と思った方もいらっしゃいますよね。これに対する答えもあります。

大人って、子どもが静かにできたあと、また「わー」と騒ぎ出すと、「ほらさっき言ったでしょ！」と言って怒っちゃうんですけど、30秒でも1分でも5分でも約束を守ったわけですから、持続していることもきちんとほめるわけです。つまり**静かになった瞬間にほめて、また騒ぎそうになったらその瞬間に「まだ静かにできてるなんて、素敵ね！」とほめる**わけです。

もっと理想を言うと、「あ、そろそろ騒ぐな」って見ていてわかりますよね。「うちの子、そろそろ飽きてきてまた騒ぎそうだな」と思ったら、その前にまたほめます。そうするとお子さんは「あ、そうだ、静かにするんだ」っていうところに**意識が戻ってくる**わけですね。

▶ お片づけも同じ方法でできる

お片づけなんかも同じですね。「お片づけしてね」と言って子どもがお片づけを始めたら、「あ、お片づけ始めたな」と心で思うだけでなく、始めた瞬間に「お片づけしてるね～！」とほめるわけです。

子どもの集中ってそんなに長くは続きません。言われたことにそんなに長く意識を向けられないので、飽きていろんなものに興味が移ってしまいます。だから言われたことが抜けてしまう前に「まだやっているね」と認めるんです。この**「追加のほめ」**を入れることで正しい方向に意識と集中力が戻ってきます。**子どもは約束が守れたことで自信が高まり、大人のストレスも軽減されます**ので、ぜひ試していただきたいなと思います。

25 | お兄ちゃんお姉ちゃんが 下の子に優しくなる 2つの方法

もったいない！

✕ 「どうしてそんなことするの！ 弟に優しくしなきゃダメでしょ!」

も〜
弟に優しく
しなきゃ
ダメでしょ

うえぇん

バッ

下の子が生まれると上の子の気持ちは不安定になりやすいです。「ダメ」「やめなさい」といった注意だけでは逆効果になることがあります。

POINT

- どうしても下の子ばかり愛されているように見えてしまう
- 上の子が自分の成長を自覚できる機会を作る
- ママパパが成長をほめてくれるという安心感が必要

せっかくなら！

○「〇〇ちゃんおてて見せて。
わぁ！　また大きくなったね」

なっちゃんの
おてて見せて

わぁ!!
また大きく
なったね

YouTubeで大反響
全ママパパ絶賛のスゴ技

自分から伸びる
子になるスゴ技

親と子の困ったが
解決するスゴ技

気持ちが上がる
ほめ方・叱り方のスゴ技

スキンシップしながら、上の子に「ママ（パパ）はちゃんと見ているよ」
ということを伝えてあげましょう。うれしさと安心感で気持ちが落ち着
きます。

解説は次ページ ▶▶▶　　**119**

さまざまな効果が期待できる「〇〇ちゃん、おてて見せて」

　お兄ちゃんお姉ちゃんが、下の子に手を出したり意地悪をしたりする姿を見ると、「なんでそんなことするんだろう」とついきつく叱ってしまうことってあると思います。

　上の子は、今まで自分だけが受け取っていた両親からの愛情が下の子にも向き始めることで、**どうしても、自分よりも下の子が愛されているように見えてしまう**からなんです。

　また、下の小さな子は、新しくできることが日々どんどん増えていきます。ちょっとしゃべっただけで「うわぁすごい！」ってなるし、首がすわった、寝返りができた、ハイハイしたと、成長を感じられるポイントが山ほどあり、そのたびに注目されてほめられる。さらに何か失敗をしても「小さいから仕方がないよね」って大目に見てもらえます。

▶ 上の子はできて当たり前？

　ところが上の子は自分でできることが多くなっているので、ママパパは「できて当たり前」という感覚になっていることがあります。そうすると注目されたり成長をほめられたりする機会が減り、**いつの間にか自信を失ったり、自分の存在感がゆらいだりする**わけです。

　こんなときよく「上の子との時間をもっと大切にしましょう」

と言われるんですが、そもそもママやパパは忙しくて子どもとの時間がとれない悩みも抱えているわけですよね。だから、上の子とゆっくり過ごす代わりにできることを紹介します。

▶ 下の子に意地悪する必要がなくなる

それは、上の子が「自分自身が成長している」ことを自覚できる機会を作ることです。**子ども自身が「自分は成長している。それをママパパもわかってくれている」と理解できる状況、愛されて認められていると感じられる状況**ができれば、下の子に意地悪する必要がなくなるわけです。

それにはどうすればいいのか、2つ方法をご紹介します。

まず1つ目。上の子に「〇〇ちゃん、おてて見せて」と声をかけ、その手をさすりながら「おてて大きくなってるね!」なんて言ったり、頭をなでながら「ママみたいになってきたね」なんて声をかけてあげたりします。

2つ目の方法は、上の子がお着替えをしているときに「〇〇ちゃん、お着替え上手になったね」と伝える、あるいは靴をはいているときに「〇〇くん、靴をはくの、早くなったね!」と、**もうできて当たり前になっていることもきちんと認めてあげます**。これだけで、お子さんは**「ママパパは自分がやっていることをちゃんと見てくれているんだ」**と感じられますよね。

ママパパは下の子が生まれるとさらに忙しくなるので、「お兄ちゃんなんだから、ちゃんとしなさい」なんて言いがちですが、それでは状況が悪化してしまうこともあります。

この2つの方法で、**上の子が大きくなったうれしさを感じられる場面を増やしてあげられるといい**と思います。

26 | 効果が実感できる! 朝これをすると ぐずらずに子どもは起きる!

もったいない!

❌ **「起きて!」と叫んで起こす**

とくに朝が苦手な子どもは、気持ちが不安定になりやすく、なかなか次の行動に移れません。

POINT

- いきなり激しく起こされると怖く感じる
- 「添い寝起こし」の安心感で起きやすくなる
- 20秒以上の添い寝で効果がある

せっかくなら！

添い寝してぎゅっと抱きしめながら起こす

夜寝るときと同じように、愛情たっぷりにスキンシップをすると、安心感につながるホルモンが分泌されて、行動に移る意欲が生まれやすくなります。

解説は次ページ ▶▶▶

まずは1週間！
寝かしつけと同じ要領で、
添い寝しながら起こそう

　子どもが起きないとか、起きてもぐずってしたくが進まないという声をよく聞きます。保育園にはお昼寝の時間があるので、これには僕もすごく悩みました。

　そこでいろいろ試すなかで**いちばん効果があった方法、それが「添い寝起こし」**です。

▶ 朝の子どもは安心感が薄い状態

　なぜ効果があるかというと、寝かしつけるときは、横についてトントンしてあげながら「今日も楽しかったね」「〇〇くん大好きだよ」と、優しい雰囲気を作ることが多いですよね。そのほうが子どもが安心して寝るからです。ここがポイントで、**子どもは安心感が何よりも大事**なんですね。

　日中はママパパにほめられたり抱っこしてもらったりすることで、**安心感を得ることに必要不可欠なオキシトシンというホルモンの分泌**につながります。それがあるからこそ、行動しようという意識が生まれやすいんです。

　朝はまだそのホルモンが少ない状態なので、安心感が薄い状態。そんな不安定な状態に「はい、起きて！」「いいかげんに起きなさい！」「早く起きないと遅れちゃうよ」「早くごはん食べて！」と、安心感とはほど遠い言葉をかけると逆効果にな

り、いっそうぐずってしまうんです。

　ですから寝るときと同様に子どもに対して「大好き！　アイラ
ブユー！」って気持ちを伝えながらスキンシップをすることで、
不安が払拭されて、機嫌がよくなりやすいんです。

▶「優しく言ったら余計起きない」は先入観

　添い寝で起こすとスキンシップが発生しますから、目覚める前
から安心感が生まれているわけですね。添い寝しながら「〇〇
ちゃん起きてね」とか、頭をなでながら「大好きな〇〇くん起
きて」と言ったほうが、起きてすぐ安心を感じられますよね。だ
から、きつめに「はい、起きて！」と言われるよりも、よっぽど
起きる意志が生まれやすいんです。

　「いや、そんな優しく言っていたら、余計起きないでしょ」って
思われるかもしれないんですが、これは先入観にすぎません。
寝かしつけと同様に「あなたのこと愛してるよ、君はここにいて
大丈夫なんだよ」と安心感をもたせることで起きやすくなるし、
起きた後もぐずりにくくなる。僕の経験からも実証済みです。

▶20秒以上で効果が出る

　ただ、これには時間が必要ですよね。5分くらいあると理想
的なんですけど、僕自身も保育園でひとりの子にそこまで時間を
とれないことも多いので、**だいたい30秒〜1分**くらいやってい
ます。

　スキンシップによるホルモンの分泌は20秒以上で始まるとも
いわれているので、だまされたと思ってぜひ、まずは1週間やっ
てみてください。

すぐできる度
★ ★ ☆

27 | 1日5分でOK！延々と続くアピールが自然と解決する方法

もったいない！

✕ 言葉でほめる

1日じゅう「見て見てアピール」が止まらないのは、不安や寂しさが理由であることが多いので、言葉だけでほめても子どもは満足できず、また「見て見て」をくり返してしまいます。

POINT

- 「見て見てアピール」には2種類ある
- 不安や寂しさからの「見て見て」は続きがち
- ママパパとしっかり目が合うことが大切

せっかくなら!

子どもをじっと見る
時間を作る

お子さんが大人のほうを確認したときに目が合うと、「ママやパパは
ちゃんと見てくれてる!」と安心でき、徐々に「見て見てアピール」
が減ってきます。

解説は次ページ ▶▶▶

5分連続で、
子どもの視線の先を追う。
意外かつ絶大な心理効果!

「先生、見て」「僕も見て〜」「できたー! 見て」って、あっちからもこっちからも見て見てコールがかかることが、保育園ではよくあります。こんなとき、僕たちは仕事ですからていねいに対応しますが、ご家庭では「何度も同じこと言ってきて、いいかげんにして!」ってこともあると思います。

▶「見て見てアピール」2つの理由

　子どもの「見て見てアピール」には大きく2つの理由があります。

　1つ目は「こんな絵が描けた!」「こんなことができた!」と、**成果物や何かができた自分をほめてほしいとき**ですね。この場合は、その子ががんばったところ、工夫したところを認めてほめることで、子どもは満足しやすいです。

　問題なのは、**寂しさ、あるいは不安がアピールの理由になっているとき**です。

　たとえば最近ママパパが忙しいとか、下の子に手がかかって自分に対する愛情が確認できないといったときに、その不安や寂しさから「見て見て」が続いているパターンですね。

　こういった場合は、たとえば「片足立ちできたよ。見て!」というのを1日に何度もくり返したりします。その子の目的が

「自分のことを見てほしい、もっと自分にかまってほしい」

ということなので、「いくら、片足で立てたね。すごいね！」と
言っても寂しさが払拭されず、「見て見て」が続くわけです。

▶ 1日5分、その子の視線の先を追う

　そういうときは、**1日5分でいいので、その子の視線の先
を追ってみる**、ということをやってみてください。こういう子は
1日の中で「ママ何しているかな、パパどこにいるかな」って、
ちらちら大人の様子を何回も確認しているんですね。なので、
5分間の中でも何回か大人のほうを確認してくると思います。
そのときに、**ママやパパがお子さんの視線の先を追っている
と、お子さんとバチッと目が合う**んです。そうすると、**「あ、
ママこっち見てくれた」「ちゃんと見てくれてる」って安心
するんですね。**

▶ 手を振ってみたり、ほほえんでみたり

　僕の場合、保育園でそういう時間を作って、**子どもと目が
合ったときに手を振ってみたり、ほほえんでみたり、「目が
合ったね」という感じで声をかけている**と、なんかちょっと
照れくさそうに、うれしそうにしてくれます。

　1日5分、連続でそういう時間をもうけると、毎日必ずママ
やパパと目が合う時間が発生しますので、その積み重ねによっ
て「あ、僕のことをちゃんと見てくれているんだな」「ママパパ
は自分のことを大事に思っていてくれているんだな」って感じ
て、不安や寂しさというのがだんだん払拭されていき、その結
果、いわゆる「見て見てアピール」が少なくなっていくと思い
ます。

すぐできる度
★ ★ ☆

28 | 今日あったことを聞いても「わかんない」と言う子への聞き出し方

もったいない！

「今日どうだった？」

「どうだった？」という質問はあいまいで、答えづらくて難しい質問です。「わかんない」「何もしてない」となりがちです。

POINT

- 大人の質問の意図を理解しきれないことが多い
- 聞きたい答えに合わせて、具体的に聞く
- 子どもが話しそうなタイミングを見計らう

YouTubeで大反響
そのママパ絶賛のスゴ技
自分から伸びる
子になるスゴ技

親と子の困ったが
解決するスゴ技

気持ちが上がる
ほめ方・叱り方のスゴ技

せっかくなら！

「今日、鬼ごっこしたいって
言ってたけれど、できた？」

今日、鬼ごっこできた？

ううん。
なわとびした

よかったねー
お友だちと
したの？

さっちゃんとー
かずくんとー

聞きたい答えに合わせて、具体的に聞いてみましょう。具体的に聞く
ことで、子どもが答えやすくなり、話が広がります！

解説は次ページ ▶▶▶ **131**

具体的な質問をすることで、求める回答が引き出せます!

子どもが学校や園でどう過ごしてるかな? と気になって、「今日何した?」「今日どうだった?」と聞くこと、あると思うんです。でも**子どもの答えって「何もしてない」「わかんない」だったりしませんか?** 僕も保育園で「○○ちゃん、お迎えだよ」ってお子さんを引き渡すときに、目の前で、

「○○ちゃん、今日何したのー?」「んー、何もしてない」

っていう親子の会話、けっこうあるんですね。

で「いやいや、さっきまで一緒に折り紙してましたやん」ってなるんですけど(笑)。

こうなってしまうのは**子どもが大人の質問の意図を理解しきれていないから**なんです。

たとえば、キッチンにりんごが置いてあったとしましょう。そこで、「これ何?」って聞いたときに、大人に聞いた場合は、「さっきスーパーで買ってきたんだよ」と質問の意図を察して、キッチンにりんごが置いてある理由を答えると思います。ところが子どもに、「これ何?」って聞いた場合は「りんごだよ」って答えるんです。

▶ 具体的に聞けばいい

ではどうすればいいかというと、**具体的に聞けばいい**わけで

すね。僕たち大人が「今日どうだった?」「今日何したの?」って聞くのは、**ある程度求める回答がありますよね。**

　たとえば友だち関係のことが聞きたかったら「今日、〇〇ちゃんと遊んだ?」ってお友だちの名前を入れて聞けば、「うん、遊んだよ」なんて答えます。

　どんな遊びをしたのか聞く場合も「今日おままごとした?」「おままごとはしてないよ」「じゃあブロック?」「うんブロックしたよ」となったら、そこから話を広げて「お友だちと一緒にしたの?」「うん」「どんなのできた?」「こんな長い線路作った。△△ちゃんも入ーれーてって言ったから一緒にやった」と答えやすくなります。

　ひとつひとつの答えをとっかかりに、その日何が楽しかったのか、誰と遊んだのか、どんな様子だったのかが、だんだんわかってくるんです。こんなふうにお子さんから聞きたい情報があれば、具体的に質問することによって聞きたかったことが聞き出せるんじゃないかなと思います。それでも話してくれない場合は、首を振ってイエスかノーで答えられるような聞き方のほうが答えやすくなります。

▶ タイミングも大事

　また、大人が聞くタイミングと子どもが話したいタイミングがずれることもあると思います。**何かに熱中しているときに「今日何やったの〜?」って聞いても、めんどくさくて「何もしてないよ」という答えになりがち**なので、夕食時や帰り道など、子どもの様子を見ながらタイミングを見計らってお話ししてみてください。

29 | 「だって〜」となんでも言い訳をしてしまう理由と解消法／その1

✕ もったいない！
すぐに間違いを指摘、修正する

積み木はここじゃないよ

となりの箱に入れて

だってこっちのおててに持ってたからこっちに入れちゃったんだもん…

すぐに間違いを指摘、修正してばかりいると、子どもは追い詰められた気分になって言い訳したくなり、間違いを認めなくなります。

POINT

- 言い訳にも段階がある
- 子どもが間違えるのは当たり前
- 自分で気づいて修正できる力を養ってあげよう

せっかくなら!

子どもが自分で間違いに気づく手助けをする

子どもが自分で間違いに気づいて修正するように誘導してあげましょう。

解説は次ページ ▶▶▶

「あれ？ どうするんだっけ？」
大人がとぼけて問いかけるだけで
自分で間違いに気づける子になる

「どうしてこんなことしたの！」と叱られたときに、「だって○○なんだもん〜」と子どもが言い訳をすること、よくありますよね。これがくせになったら困るなと心配しているママパパも多いと思います。原因の多くは、子どもが何かを間違えたときに、大人にそれをダイレクトに修正されたり、指摘されたりすることが何度も積み重なることです。これが続くと、「どんな場面でも、まず言い訳を始める」という悪習慣につながりやすくなります。

▶ 子どもの間違い修正法

たとえば、おもちゃをお片づけするとき。「ボールはそっちじゃなくてこっちでしょ」と大人が修正すると、子どもは「だって、こっちのおててにボール持ってたんだもん」などと言い訳をするような習慣になりやすいわけです。こうした根本的な思考を変えてあげないと、いくら「言い訳しないの！」と叱っても子どもは変わりません。

どうすればいいかというと、たとえばお片づけでボールを入れるところを間違ってしまったとき。**「いつもお片づけありがとうね。 あれ？ 新幹線のおもちゃのところにボールがあるよ。ボールはどこにしまうんだっけ」** などと問いかけることで、子どもが「ボールはこっちだよ」と、**自分で気づいて修正でき**

る流れを作るといいです。

　あるいは、子どもが何か勘違いしているとき。たとえばシンデレラのカボチャの馬車を「キャベツの馬車」と言ったとします。そのときに「キャベツじゃないでしょう。カボチャでしょ」と修正してしまうと、「だって絵本に描いてあったんだもん」とうそや言い訳になりやすいんです。そこで「あー、キャベツの馬車かわいいね〜。あれ？　でもさ、ほかの野菜だった気がする。カ、カ……なんか"カ"がつく野菜じゃなかった？」なんて言うと、「カボチャだよ」と子どもが自分で修正できます。

　保育園でも、帽子をかぶり忘れた子には「帽子忘れてるよ」ではなく、「あれ、頭に何か足りない気がする」といった言葉をかけたりします。

▶ 子どもが間違うのは当たり前

　なんでもかんでも大人が間違いを直してあげようとするよりも、**間違ったときに自分で気づいて修正できる力を養ってあげたほうがいい**と思います。

　もっと小さい子でも同じです。たとえば、ばいきんまんを見てアンパンマンと言ったとき。「違うよ、ばいきんまんだよ」って直してしまうのではなく、「あ、そうだね、お顔まん丸でお鼻もまん丸でそっくりだ、似てるね〜。あれ、でもこれアンパンマンじゃなくてばいきんまんかな？」と**子どもの発言をいったん受け止める**ような対応をすることで、子どもが自分で「ああこれ、似てるけどばいきんまんだな」って素直に思えるきっかけにもなるんです。

　小さいお子さんでもこういった気づきを促す対応をしてあげると、言い訳につながりにくくなるんじゃないかなと思います。

30 | 「だって～」となんでも言い訳をしてしまう理由と解消法／その2

✕ もったいない！ 行動ではなく子ども自身を否定する

大好きなママパパに嫌われるのは、子どもにとってとてもつらいことなので、「自分はそんな子じゃない」と言い訳して間違いを認めません。

POINT

- 言い訳は、ママやパパに嫌われたくなくてしている
- 「ママパパも自分と同じなんだ」と思うと安心する
- 言い訳しなくていい環境は作れる

YouTubeで大反響
全ママパパ必賛のスゴ技

自分から伸びる
子になるスゴ技

親と子の困ったが
解決するスゴ技

気持ちが上がる
ほめ方・叱り方のスゴ技

せっかくなら！

間違えても失敗しても
大好きだと伝える

「失敗してもママは自分のこと好きなんだ」と安心できれば、言い訳をする必要がなくなります。

解説は次ページ ▶▶▶ **139**

大人な心をもって、伝えよう！「ママも昔、間違えたことある。似てるね」

　子どもが言い訳をしてしまう2つ目の理由は、**ママやパパに嫌われちゃうんじゃないかと不安になるから**です。その解決法は難しく感じるかもしれませんが、じつはとてもシンプルです。

▶ 叱るときこそポジティブに

　たとえば、お片づけする場所を間違えちゃいましたっていうときなら、「また間違えてる！」「違ってるよ」と責めてしまったり、指摘したりしがちですよね。

　ここであえて「あ〜ママもパパも昔、○○くんと同じぐらいのとき、お片づけする場所間違えちゃったことあるなぁ。似てるね。ママとパパと○○くんそっくりだねぇ」なんて言ってみてください。子どもは「ママも間違えたことあるんだ。パパも間違えたことあるんだ。同じなんだ！」というふうに、**間違いに気づきつつも、安心感を得る**ことができます。

　あるいは、もっとダイレクトに伝える方法もあります。何かを失敗してしまったときや間違えてしまったときに、「間違えちゃった○○くんも大好きだよ」「失敗してしまった○○ちゃんのことも、パパ大好きだよ」というふうに言ってあげること。

　子どもをほめるときは「大好き」「がんばってるね」とポジティブな言葉がけをよくすると思うんです。でも、**間違ってしまった**

とき、あるいは失敗してしまったときだからこそ、愛情や「好きだよ」ということを伝えてあげたほうが、子どもには深く突き刺さります。

ママパパがちょっと大人な心をもって、「失敗しちゃっても大好きだよ」「間違えちゃっても大好きだよ」って言ってあげられると、子どもが「失敗しちゃったけど、ママパパは自分のこと大好きなんだな」って安心して、わざわざ言い訳をしなくてもいい環境になるわけです。

▶ 言い訳しない習慣がつく

まとめると、子どもが何かを言い始めたときは、言い訳であっても最後まできちんと聞いてあげる。そしてそれを受け止めたうえで、子どもが自分でその間違いに気づいたり修正したりできる環境を作ってあげる。さらにママパパが「間違えちゃっても失敗しちゃっても、大好きだよ」っていうところをきちんと言ってあげられるといいんじゃないかなと思います。

以上のような対応をきちんとやっていると、その後も子どもが言い訳しなくていい環境が続いていきます。そうすると、叱られたときに言い訳をするという習慣づけ、癖づけにつながりにくくなり、言い訳が解消できるってことなんですね。

これをやり始めると、子どもの表情や態度がガラッと変わると思います。「あれ、今までは叱られているとき、けっこうふてくされた表情をしていたけど、なんか表情や行動が変わったな」と感じられると思います。

ちなみに、**言い訳は自分の状況と相手の言いたいことを考えられるからこそできること**なので、「成長の証のひとつ」とポジティブに受け止めてもいいと思います。

31 | 「あとでね」と大人が言ってしまう回数を減らせる簡単な自分ルール

もったいない！

✕ 「あとでね」とだけ言う

今お仕事だからあとでねー

パパ見て!!一緒に遊ぼう!!

ぐすん

忙しくて、子どもに何か言われてもつい「あとでね」ばかりになって、しかもそのことを忘れてしまうなんてこと、あると思います。

POINT

- 「あとでね」を言いすぎると寂しさや不安につながる
- 1分以内で終わりそうなことは、すぐ対応するのがラク
- フセンを使って「あとでね」を忘れないように

せっかくなら!

◯「あとでね」と言ってフセンを貼る

お〜 かっこいいロケットだね お仕事が終わったら 遊ぼうね

忘れないように フセンに書いて 貼っておくね!

パパ見て〜 一緒に遊ぼう!

同じ「あとでね」でも、いったん子どもの「今」に共感したうえで、フセンを活用して「あとでね」を忘れないようにすると子どもの納得度が上がります。

解説は次ページ ▶▶▶　**143**

大人と子どもが同時に助かる！
1分ルール＆フセン活用法

「ねえねえママ、これ見て見て！」「パパ、ブロックやろ！」なん て言われたとき、「あ、今ちょっと手がはなせないからあとで ね」って言ってしまうこと、ありますよね。悪気はないのに結局 そのままになってしまい、子どもの寝顔を見ながら「また『あとで ね』って言っちゃったな」と後悔することもあると思います。

じつは「あとでね」という言葉、使いすぎると「自分は何で もあとまわしだ」と子どもが寂しさや不安を感じ、かまってほし がったり、赤ちゃん返りにつながったりすることもあります。こ れ、僕もすごく悩みました。保育園ってたくさんの子がいるので、 そうなるケースもあるんです。それでいろいろ試した結果、もの すごく効果を感じた方法が2つあります。

▶ 1分つき合ったほうが、結果うまくいく

1つ目は、1分ルールです。「見て」「〇〇して」と言われた とき、それが**1分以内で終わりそうなものなら、手を止めて 子どもにつき合う**と決めてしまいます。

思い返すと、**子どもが言ってくる内容は、短時間ですむも のも多い**んです。たとえば、描いた絵を見てほしい、積んだ積 み木を見てほしい、髪の毛を結んでほしいといったものです。こ ういう**1分以内で終わりそうなものならつき合ってしまったほ**

うが、子どもは満足して気持ちが安定し、結果として大人が本来集中したいものに集中しやすい環境ができると思います。

　ただ、そうすると子どもが余計に「見て見て〜」「○○して〜」と言ってきそうと思う方がいらっしゃると思います。そこで考えてほしいのが、**子どもが本当に遊んでほしいのか、それとも自分に注目してほしいのか**、どちらかということです。前者の場合は、**「あとで」がいつなのかを明確にして待ってもらう**のもいいと思います。後者の場合は、**目的は遊びではなく注目なので、それが達成されない限り、子どもは延々と要求してきます。**

　だからこそ、とくに後者の場合は、1分なら1分と時間を決めて子どもに注目してあげたほうが、子どもは満足しやすいし、大人も延々と要求されなくなると思います。

　あまりにも子どもの要求がひんぱんな場合は、**理想をいえば5分10分手を止めて、子どもをひざに乗せて絵本を読むとか、だっこやハグなどのスキンシップをしていくと、子どもの気持ちが安定してある程度長く待てるようになります。**まずはお子さんの「見て」「○○して」がどういった理由から来ているのかを探ってみてください。そのうえで「よし、1分つき合おう」と子どものところへ行ったところで「じゃあパパ、これここに載せて」みたいに、遊びが始まってしまったら、ここで初めて「あとでね」と言うのはいいと思います。1分でも、大人が実際に来てくれて満足度は十分上がっているわけですから。

　子どもと「あとでね」と約束したことは、忘れないようにフセンに書いて貼っておきましょう。

すぐできる度
★ ★ ☆

32 子どもの前での夫婦げんか、ここを気をつければ大丈夫!

もったいない!

✕ けんかは見せて、仲直りは見せない

人間関係のトラブルだけを見せて、修復の様子を見せないでいると、子どもがお友だちとの関わりで悩むことになります。

POINT

- 夫婦げんかには「いいけんか」と「悪いけんか」がある
- 「悪いけんか」は子どもの脳にダメージを与える
- 「いいけんか」は子どもに対人スキルが身につく

○ せっかくなら!
けんかも仲直りも見せる

子どもの前でトラブルになったら、仲直りをするところまで見せるようにしましょう。

内のセリフ:

お皿片づけ!! 私も忙しいから協力してほしいんだ

仕事のことが気になって忘れてた 気をつけるよ、ごめんね

けんかの種類で使い分け！
悪いけんかは見えないところで、
いいけんかは見えるところで

　夫婦げんかをしたことがない人は少ないんじゃないでしょうか。夫婦とはいえ人間同士、価値観の違いなどからけんかをすることは仕方のないことだと思います。問題は、子どもの前でしていいかどうかということですよね。結論からいうと、それには**メリットもデメリットもあります。**

▶ 悪い夫婦げんかは、記憶や感情に害あり

　福井大学とハーバード大学の研究など、多くの研究によると、子どもが「日常的に」暴言や暴力を伴う「激しい」夫婦げんかを見ることは、脳にダメージを与えます。具体的には脳の海馬や扁桃体、視覚野といった部位が萎縮したり変形したりすることで、記憶力や学習能力が低下したり、感情コントロールが苦手になってしまうんです。**子どもにとって自分を育ててくれるママパパが互いを激しく罵倒するのは悲しいですし、自分自身の安心安全も脅かされる**ので、大人の想像以上に大きなストレスとなるんですね。

　一方でメリットもあります。子どもが大きくなるにつれて、それまで家族や先生だけだった人間関係から、お友だちとの関わりが増えてきますよね。そうすると、いいこともたくさんあるんですが、けんかやトラブルも発生します。

そういうときどう解決すればいいのかを、子どもたちはママパパの行動から学ぶわけです。**お互いの主張から解決方法、仲直りの仕方までを、見本として、自分自身のトラブルが起きたときの参考にする**わけですね。けんかやトラブルを見たことがない子は、まったくお手本がないゼロの状態から解決方法を身につけていく必要があります。

▶ いいけんかは見せる、悪いけんかは見せない

つまり、夫婦げんかには2種類あって、日常的に激しく相手を罵倒したり暴力をふるったりする「悪いけんか」は子どもの心身によくないのでもちろんNG。ですが、互いにおだやかに意見を主張して、相手の話も聞き、「わかった。確かにそうだね」「これから気をつけるね」「ありがとう。ごめんね」「じゃあこれでおしまい。仲直りしよう」という具合に、最後は仲直りできる建設的な「いいけんか」なら、子どもの経験としてメリットがあるということです。

ですから、**「ああやってけんかをしても、ちゃんと最後は仲よしになれるんだ」と思えるように、ちゃんと話して仲直りするところまで見せること**を意識するといいです。そうすると、子ども自身がお友だちとトラブルやけんかになったときにも「けんかをしたら人間関係は修復できない」のではなく、「仲直りしよう」という意志が生まれやすくなるわけです。

とはいっても、いつもうまく仲直りできるわけではないと思いますし、感情的になってしまうこともあると思うので、そういったけんかになりそうなときは、子どもから見えないところでするというルールをママパパの中で決めておきましょう。

33

「ママがいい!」と泣く子に もっとも効果があるのは、 意外にもこの言葉

もったいない!

✕ 「パパだって〇〇くんのこと 大好きなのに～」

ぎゃあああ
ママがいい～!!

パパでも いいじゃん…

ブンブン

子どもにとって信頼できる人は安全基地そのもの。無理やりはなそうとするとますますくっつこうとし、その人以外をいやがります。

POINT

- 小さい子にとってママは、切り離せない存在
- ママがいいと思う気持ちに同意する
- 普段からママと仲よく話す姿を見せるとスムーズ

YouTubeで大反響
全ママパパ羨望のスゴ技

自分から伸びる
子になるスゴ技

親と子の困ったが
解決するスゴ技

気持ちが上がる
ほめワザ、認めるスゴ技

せっかくなら!

「そうだよね!
　ママがいいよねー」

パパも
ママのこと
大好きだよ〜。
同じだね

すん…

子どもの気持ちに寄り添ってあげると、子どもは安心します。

解説は次ページ ▶▶▶ **151**

「ママのこと大好きだよね」 「ママがいいんだよねー」 といった言葉は、安心材料

「ママがいいー!　ママじゃないとやだぁー!」

　小さい子がそう言って大人たちを困らせること、よくあると思います。これは、ママとそれ以外の人たちを分けて認識できるようになる**生後10カ月くらいから**始まります。子どもにとっては、産んでくれたのもママ、おっぱいをくれるのもママというふうに、**ママは自分が生きていくことと切り離せない存在**なので、本能的・生物学的に「ママがいい」「とにかくママが大好き」となりやすいですね。

▶ 「ママがいいー!」は信頼の証

　これ、**子どもの成長という観点から見ると、ママとしっかり信頼関係（専門用語で「愛着関係」といいます）ができているのでとてもよいこと**なんです。とはいえ、ちょっとパパに抱っこしてもらいたいときも「わあああああー!　ママ!　ママ!」となりますし、祖父母に預けて出かけることもできないので、けっこうたいへんです。

　じゃあどうすればいいのかなんですが、なにしろ本能なので時間がかかり、コロッと解決する方法はなかなかありません。ただ、**その時間をキュッと短縮できる方法**があるんです。

　それは、子どもが「ママがいいー!　ママじゃないとやだー!」

となったときに、**「そうだよね〇〇くん、ママのこと大好きだもんね」**とか**「そうだよね！　ママがいいよねー」**と言ってあげる。これだけです。

▶ 自分の気持ちをわかってもらえる安心感

　子どもがママに安心安全を求めているのに、「パパだって〇〇くんのこと大好きなのに」「ママじゃなくておじいちゃんおばあちゃんたちでもいいでしょう？」とか、ママ自身が「大丈夫よ〜。ほら先生でもいいでしょ！」といった対応をすると、子どもは**「誰も気持ちをわかってくれない！　こんなにつらいのに！」**とますます不安になって、もっとママを求めてしまいます。

　「そうだよね、ママのこと大好きだよね」「ママがいいんだよねー」といった言葉は、一見「ママじゃないとやだ」という気持ちを大きくしそうなのですが、じつは**「この人たちはちゃんと自分がママのこと大好き、ママがいいということをわかってくれている」という安心材料**のひとつになるわけです。

　そういった意味で、お子さんの目の前で、パパやおじいちゃんおばあちゃんが、いつもママと楽しそうにお話をしていると、子どもは「あ、こんなに楽しそうにママがお話ししているということは、この人たちも安心できる存在なんだな」というふうに感じやすくなる効果もあると思います。

　ということで、**決してパパやおじいちゃんおばあちゃんが嫌いというわけではなくて、**その時期特有の「ママだいすきー」という**大切な気持ち**。それが満たされる環境を意識すると、ママ離れはかえって早く進むと思います。

　逆に「パパがいいー！」という場合もあると思いますが、考え方は同じです。

34 | ちょっと意識すれば、モンテッソーリ教育はおうちでも役に立つ

もったいない！
「あ、いたずらしてる！」
「悪いことしてる！」

大人には「いたずら」「悪いこと」に見える子どもの行動は、子どもが自分で自分を成長させようとする行動の場合があります。

POINT

- 子どものいたずらは、自ら伸びようとしている証拠
- 大人が邪魔をしないという意識をもつ
- 子どもが「やりたい！」と思うお手伝いが有効

せっかくなら！
「何かの能力を
　伸ばそうとしているのね」

指先を使うのが
楽しいのかな

ひぃ～

見守り中

シュッ

シュッ

子どもが何かに夢中になっている様子を見たら、すぐに制止はせず、
どんなことに興味関心があるのか見守りましょう。

解説は次ページ ▶ ▶ ▶

大人の意識ひとつで、特別な道具がなくてもモンテッソーリ教育に近づく方法

　モンテッソーリ教育の提唱者マリア・モンテッソーリは、「子どもは何でもできるように生まれてきます。できないことがあったとしても、それは"まだ"できないだけなんです」と言っています。つまり僕たち大人は、子どもがひとりでできるようになることを「手伝う」というのが、このモンテッソーリ教育の本質としてあるんですね。

　モンテッソーリ教育を語るうえでの最重要ワードが「敏感期」という言葉です。たとえば、子どもがなんか静かだなーと思ったら、ティッシュを１箱全部引っ張り出していたり、扉をひたすら開け閉めしたり、引き出しの物を全部出してしまったりしていることがあります。これらは**大人には「あ、いたずらしてる!」「悪いことしてる!」と見える**んですが、そうではなく、指先でつまんで引っ張る動作ができることに夢中になっていたり、腕がこんなふうに動くんだと確認したりと、**何かの能力を得たい欲求にしたがった行動**なのです。そこでティッシュの箱を取り上げたり、扉をロックしてしまうのは、子どもの能力の発達を阻害していることになるわけです。

▶ すぐに制止しない

　子どもが何かに集中してくり返し行う姿があったときには、**す**

ぐに制止をせずに見守ることを心がけるといいと思います。

「見守るだけ？　簡単じゃん」と思うかもしれないんですが、いざ実践となると難しさを感じると思います。

大人がつい先回りして手伝ってしまったり、リモコンなんかをずっとカチカチされて冷房と暖房が何度も切り替わってしまったり、テレビがまともに見られなかったりと、いろんな難しさが出てくると思います。なので最初は「できるだけ制止をしない意識」から始めるといいと思います。

また、**子どもが集中しているとき、大人はつい「何してるの？」なんて話しかけがちですが、それも子どもの「敏感期」にとってはよくないケースがあります**。この時期に何かに集中する時間や機会をより多くもうけることで、大きくなったときに勉強や仕事や趣味などに集中できる基礎ができます。

とはいえ、触ってほしくないものや、やってほしくないこともあると思います。たとえばリモコンをカチカチ押されて困るのであれば、100円ショップなんかで似たリモコンを買ってくるとか。あとはくり返し「押す」という姿があれば、押すことがくり返せるおもちゃを用意するなど、触ってほしくないものの代用品を準備してみてください。

▶ 日々くり返し行えるお手伝いを用意

モンテッソーリ教育で行われる活動は、「お仕事」と表現されるんですが、ご家庭ならお子さんに**日々くり返し行えるお手伝いを用意してあげる**といいんじゃないかなと思います。

大前提として、**子どものくり返しの行動やお仕事は、子ども自らがそれを「やりたい！」と思うことが重要**です。**無理じいはせず自然に興味をもつように促して**みてください。

モンテッソーリ教育って?

「モンテッソーリってよく聞くけど、どんな教育なの?」という方のために、超簡単に解説します。

モンテッソーリ教育は1907年に、イタリア初の女性医師マリア・モンテッソーリによって考案されました。

当時は「子どもは何もできないから、大人に言われたとおりに動いていればいい」と考えられていました。

でもこのマリア・モンテッソーリは、「子どもはなんでもできる。ただ、"まだできていないだけ""方法を知らないだけ"。だから、**子どもが自ら取り組める環境さえ提供すれば、子どもは自分で自分を成長させることができる**」と、これまでと真逆のことを言い出したんです。

大人の指示や強制ではうまくいかない

教育というと、大人が指示したり、半ば強制的に何かをさせたりすることだと思われがちですが、それでは子どもはやる気も集中も続かず、なかなか上達できません。すると自信を失って物事への興味関心もなくなり……と悪循環に陥ってしまいます。

高い集中力をもって物事に取り組む

一方モンテッソーリ教育では、子ども一人ひとりの興味や関心にあったものを、子ども自らが選んで取り組むので、当然、**子どもは集中し、好きなだけその物事に取り組む**ことができます。モンテッソーリ教育ではこれを「集中現象」と言います。

高い集中力をもって物事に取り組むので上達しやすいですし、自信も生まれ、好奇心が高まり、物事を探求する習慣がついていく。つまり「自分で考える力」や「自主性」などが自然と高まっていくわけです。

モンテッソーリ教育の「敏感期」って?

モンテッソーリ教育を語るうえで欠かせないのが「敏感期」という考え方です。「敏感期」とは、**子どもが何かの物事に対して強く興味関心をもち、それに対してすごく集中してくり返し行う時期**のことです。たとえば赤ちゃんの時期は、ティッシュを無限に引っ張り出してみたり、物を拾っては落とすをくり返したり、もう少し大きくなってくると、ブロックや積み木を延々と並べてみたり、数字に興味をもったときは1日中数字を数えていたり、といった姿が見られることがありますよね。

大人から見ると、いたずらとか、よくわからない行動に見えますが、モンテッソーリ教育では子どものこういった行動こそ、その子の能力をぐんぐん伸ばす行動だと考えています。

ポイントは「ひとつの行動をくり返す」ことです。

　たとえばティッシュを引っ張り出す行動なら、子どもは「自分の指でつまんで引っ張り出すことができた」、つまり「自分のイメージどおりに行うことができた」ところに達成感や満足感を感じ、ティッシュを1枚取り出すごとに脳内に快楽物質のドーパミンがバンバン出ている状態になります。そこでもっとやりたくなってくり返し行うことで、そのスキルが習熟していくわけです。物を落とす行為なら、「これが落ちたら、こうなる」という確認のため、いわば科学の実験のような気持ちで行います。子どもはこういったくり返しの行動によって手先が器用になったり、「こうしたらどうなるんだろう？」という好奇心や探求心が働き、自分のいる世界についての理解を深めていくわけです。

子どもは自分で自分を育てる

　つまりモンテッソーリ教育とは、簡単にいうと、**子どもには自分で自分を育てる力が備わっているから、大人は口うるさく言わず、子どもが自分自身を成長させられる環境を整え、それがうまくいくようサポートをしよう**という教育法です。そのためにモンテッソーリ教育では、ボタンのとめはずしやティッシュを引っ張り出す動き、扉を開け閉めする動きなどを、気がすむまでできる「教具」というものがあります。ほかにも数や文字を楽しく学べる「教具」もあります。

　こうしたモンテッソーリ教育の考え方は、日々の子育てをするうえで、とても参考になるのではないかと思います。

第 4 章

\ 気持ちが上がる /

ほめ方・叱り方の

スゴ技

35 ⟶ 40

すぐできる度
★ ★ ☆

35 | 要注意！子どもの やる気を上げるごほうび、 危ないごほうび

もったいない！

「〇〇ができたら ごほうびをあげる」と予告

ごほうびが目的になってしまうと、その物事に対する興味が失われてしまい、逆にやる気が下がったり、努力ができなくなる可能性があります。

POINT

- ごほうびの効果は、あげ方で大きく変わる
- がんばりに対して、サプライズであげるといい
- 親のほめ言葉は、長く子どもの心の支えになる

せっかくなら！

「〇〇がんばってたよね」と 努力をほめる

プロセスや努力を認めたり、ほめたりすると、「次もがんばろう！」という気持ちが生まれます。

子どもの心に
ずっと残る、支えになる！
0円であげられるごほうび

「テストで100点取れたら、ゲームを買ってあげる」「お手伝いをしたら、100円あげる」と、子どもに何かさせたいときに「ごほうび」をあげることがあると思います。でも「ごほうびで釣っていいのかな」「毎回あげちゃってるけど、大丈夫かな」と、いろいろ悩みますよね。

▶ サプライズごほうびが最強

じつは心理学の研究で、**ごほうびによって、かえってやる気をそいでしまう場合がある**ことがわかってきました。

たとえば、スタンフォード大学のマーク・レッパー博士が行った実験があります。この実験では子どもを3つのグループに分けました。1番目のグループは「上手にお絵かきできたらごほうびをあげる」と事前に伝え、あとでごほうびをもらったグループ。2番目は、ごほうびの存在は隠したままお絵かきをして、終わったあとに「じつはごほうびがあります」と、サプライズでごほうびをもらったグループ。3番目は、ごほうびがあることを伝えず、ごほうびをもらわなかったグループです。

結果、「サプライズでごほうびをもらったグループ」「ごほうびをもらわなかったグループ」は、その後もお絵かきを楽しんでいました。一方、「事前にごほうびがあると知っていて、ごほうび

をもらったグループ」は、その後、今までの半分の時間しかお絵かきを楽しまなかったそうです。

　これを「アンダーマイニング効果」といって、ごほうびが目的化した結果、当初の行動に対して興味関心ややる気が薄れてしまうことをいいます。さらに怖いことに、ごほうびを使って、やりたくないと思っていることを無理やりやらせていると、子どもが**指示待ち人間になりやすい**と言われています。

　この実験から、どうしてもごほうび形式で子どものやる気を上げたい場合は、サプライズのほうが効果的なので、お子さんがやるべきことややってほしいことをできたら、あとからサプライズで渡してあげるといいと思います。

▶ 結果よりプロセス

　もうひとつ気になる報告があります。ニューヨーク大学のサム・グラックスバーグ博士の研究で、結果や成果に対してごほうびをあげるとやる気が下がるけれど、**プロセス、つまり過程や努力に対してほめたりごほうびをあげると、やる気がアップする**ことがわかりました。たとえばお片づけや宿題なら、「やったらあげる」ではなく、「お片づけをがんばっていたあなたの姿が素敵だった」「宿題に一生懸命取り組んでいるのがよかった」と、努力や取り組む姿勢をほめたり、それに対してごほうびをあげたりするんです。ごほうびは、もちろん欲しがっていたおもちゃやお菓子でもいいんですが、物はもらったら終わりになりがちです。でも、**「がんばっていて、とても素敵だったよ」「努力している〇〇くん、かっこよかったよ」といった言葉は、ずっと心に残って、その子の支えになっていく**と思います。ぜひ、そういった言葉をたくさんかけてあげてください。

36 | 叱ると逆に増える 子どものよくない行動! すぐできる解決方法

✕ もったいない! **何度叱っても、直らない**

叱られたことを何度もくり返すのは、ママパパに注目してほしくてやっている可能性あり。その場合は叱っても直りません。

POINT

- 叱っても直らないことはアプローチを変えてみる
- 叱ることでかえってよくない行動が増える場合がある
- 子どもはママパパに注目されたいという気持ちが強い

せっかくなら!

いい行動をすぐほめると、よくない行動が少なくなる

> 静かに歩けて素敵だね!!

> うん!!

子どももポジティブな注目のほうがうれしいので、子どもがいい行動をしたときすぐに認めたほうが、いい行動が増えていきます。

解説は次ページ ▶▶▶

必死で叱ったら、まさかの逆効果！
簡単にできる
科学的対処法があります

「あのうちのママとパパ、怒っているところを見たことないのに、子どもは言うこと聞くのよね。うちなんかいくら叱っても全然聞かないのに……。なんで？？？」って不思議に思ったこと、ありませんか？　いわゆる**「叱らなくてもいい子育て」は、科学的にその理由や正しい方法が明らかにされています**。それと同時に、**叱ることによってかえってよくない行動が増えてしまう場合がある**ということもわかっています。

▶ 子どもの行動には理由がある

　子どもの行動の理由はいくつかに分けられます。

　まずは、**「それをすることで、何か特別なことが起きる」**こと。たとえば「宿題をするとおやつが食べられる」「お手伝いをするとお駄賃がもらえる」などです。これを「要求機能」といいます。

　ほかには、**「それをすることで、自分が『いやだな』『やりたくないなぁ』と思っていることから逃れられる」**ことです。たとえば「お片づけやだ。めんどくさい」と思っているときに、ママパパから「お料理の手伝いする？」と言われたら、「お料理したいわけじゃないけど、お片づけしなくていいんだったらやる！」となるのがそれにあたります。これを「逃避機能」といいます。

それから、これがもっとも重要ですが、**「それをすることで、大人が自分に注目してくれる／自分を認めてくれる」** ことです。これを「注意喚起機能」といいます。とくに小さい子の行動は、これが理由になっていることが多いです。

▶ いい行動をしたときすぐにほめる

　子どものよくない行動が、最後に紹介した「自分に注目してくれるから」の場合は、その子にとっては**「叱られること＝注目されること」になり、それがうれしいと感じている可能性がある**ため、何度叱ってもくり返すことがあります。

　「叱られる行動よりも、正しい行動、いい行動をしたほうが、ママパパがポジティブに注目してくれる。そしてそのほうがいい」 とわかってもらうことが大切です。

　たとえば子どもが注目してほしくてドタドタ走り回っているのであれば、それを叱るよりも、きちんと歩いているとき**すぐに**「ちゃんと静かに歩いていて素敵だね！」とほめるとか、ごはんのとき「ふざけないの！」と叱るよりも、ちゃんと食べているとき**すぐに**「おいしそうに食べているね」とほめてみてください。「あ、このほうがママパパにポジティブに見てもらえるんだな」と、いい行動が増えていきます。**子どもの行動の目的が注目の場合は、「すぐにほめる」のがポイント**です。

　僕たち大人は、子どものよくない姿にはすぐに近づいて対応することが多いですよね。でも逆に、いい姿のときはそれが当たり前に感じて、すぐに対応しないことがあると思います。すると子どもは**「よくないことをしたほうが、大人にすぐ注目してもらえる」** と学習してしまうんです。だから、いい姿のときにこそ、すぐに注目することを意識してみてください。

37 | 子どもを叱る前に これを言うだけで きちんと聞くようになる

✕ もったいない！
よくないところだけを指摘する

何か失敗したとき、子どもも叱られるのはわかっているので、耳をふさぎたくなります。せっかく注意しても効果が薄くなります。

POINT

- 「叱られる」とわかると耳をふさいでしまう
- ただ叱っても聞いていないので、同じことをくり返す
- 叱られる行動の直前にしていたことを認める

YouTubeで大反響
全ママパパ絶賛のスゴ技

自分から伸びる
子になるスゴ技

親と子の困ったが
解決するスゴ技

気持ちが上がる
ほめ方・叱り方のスゴ技

○ **せっかくなら!**
いいところを認めてから叱る

ごはん、大きいお口でいっぱい食べてたねー!! ママうれしいな

はーい!!

でも お皿に手をそえて食べると もっといいし、ママももっとうれしい!!

叱られる行動の直前にやっていたことを認めてから話すと、ちゃんと響くようになります!

解説は次ページ ▶▶▶ **171**

子どもに注意したいときはまず、「耳が開く」言葉をかけよう

　叱っているのに、子どもが聞く耳をもたないときがありますよね。そんなとき僕がよくやるのが、**「叱る行動の直前に行っていた行動を、認めてから叱る」**ということです。叱る内容や言い方はそのままでいいので、その前に、子どもが直前にやっていた行動を認めてみてください。たったこれだけで伝わり方が大きく変わります。

▶ 子どもは叱られる前に、叱られるとわかっている

　たとえば子どもが麦茶の入ったコップを運んでいて、こぼしてしまったとしましょう。そんなことが1日の中で何回も起こると、「またこぼしてる！」「何回言ったらわかるの！」なんて叱っちゃうことがありますよね。

　でもこのとき、**子どもは子どもなりに、「あーやっちゃった……」「あー怒られるな」とわかっている**ので、この時点でもう**精神的に耳をふさぎたくなっている**わけなんですね。とくに日ごろからいろんなことでよく叱られている子は、そうなりやすいです。

　そしてこの状態の子どもに対していくら叱っても、いくら「こうやってね」と言っても、響きにくいんです。するとまた同じミスをして、また同じことで叱られてしまうというくり返しになります。

大事なのは、まず、精神的にふさいでいる状態の耳を開いてあげること。そのために、**その直前に行っていた行動を認める**のがとても効果的なんです。

　今の例でいうと、叱られたことの直前の行動は、コップを持って運んでいたということなので、「〇〇くん、ちゃんとコップ持ってたね」とまず認めてあげます。そうすると、**自分のいい姿をママパパに認めてもらえているので、自然と耳が開いた状態になる**んです。そしてこの開いたタイミングで「でもね、今度からちゃんと前を見てそーっと歩こうね」と言うと、情報が入っていくわけですね。

▶ **ただ叱るのではなく、耳が開いた状態を作る**

　あるいはごはんを食べている最中に立ち歩いてしまったときも、すぐに「立たないでちゃんと座って食べなさい」と言うのではなくて、まずはその直前の行動、つまりおいしそうに食べていた姿を認めてあげるんです。たとえば「おいしそうに食べてたね。でも今は、ちゃんと座って食べないといけないよね」と言ってみてください。

　ただ叱られるわけではなくて、お子さんが耳を開いた状態に情報が入っていきますから、断然伝わりやすくなります。

　というわけで、**叱るときはまず耳を開くということがとにかく重要**です。それにはその直前の行動を認めることが効果的なので、意識してやってみてください。

　そうすると、子どもはママパパの注意をポジティブに聞き入れることができますし、ママパパも「この子にもいいところがたくさんあるんだな」と気づくことができるので、イライラすること自体が減っていきますよ！

YouTubeで大反響
全ママパパ絶賛のスゴ技

自分から伸びる
子になるスゴ技

親と子の困ったが
解決するスゴ技

気持ちが上がる
ほめ方・叱り方のスゴ技

38 | 保育士もその効果に驚き！叱り方より叱る場所が重要

✕ もったいない！ 子どもを壁側に立たせて叱る

金魚さんに
いーっぱい
エサあげちゃ
ダメって言った
よね!!

子どもを壁側に寄せると、叱っている人の背景が目に入ってお話が頭に入りません。ほかのことに気を取られて全然聞いていないということになります。

POINT

- 子どもが話を聞いていないのは、わざとじゃない
- 大人が壁側に立つだけという簡単解決!
- 読み聞かせや、大切な話のときにも有効

せっかくなら!

大人が壁を背にして話す

背景スッキリ

ママ 今から お話し するね

子どもを壁側にするのではなく、大人が壁側にくるポジションをとりましょう。子どもには壁しか目に入らないのでお話に集中しやすくなります。

解説は次ページ ▶▶▶ **175**

叱り方は、場所が9割！
逆にするだけで
子どもの反応が全然違います

　子どもを叱るとき、ママパパがたぶんあまり気づいていない、非常に重要なポイントがあります。それは、叱るときの親と子の位置関係。これを意識しないと、いくら叱る内容や叱り方を工夫しても、その内容が子どもに全然伝わっていない！　ということになりがちなんです。

▶ 子どもが話を聞かない物理的理由

　子どもを叱るとき、そもそも子どもがまったく聞いていないとか、キョロキョロして全然聞いているように見えなくて、「ちゃんと聞いてるの!?」と余計に怒ってしまったりすること、ありますよね。これ、そのとき**子どもがいる場所に原因があることが多い**んです。

　ちょっとタイムスリップして、ご自身が叱られていた場面をイメージしてください。お父さんやお母さんの背景に、どんな視界が広がっていますか？　カラフルな絵本やおもちゃ、テレビの画面、あるいはペットやきょうだいがうろうろしているかもしれません。

　こんなふうにたくさんの情報が視界から入ってくると、とくに**就学前のお子さんは目から多くの情報を得ているので「聞く」ことに集中できず、叱られている内容よりもまわりが気になって仕方がなくなってしまう**んです。

YouTubeで大反響
全ママパパ絶賛のスゴ技

自分から伸びる
子になるスゴ技

親と子の困ったが
解決するスゴ技

気持ちが上がる
ほめ方・叱り方のスゴ技

▶ 叱る側が壁を背にする

しっかりお話を聞いてほしいからと、子どもを壁側に寄せて、詰め寄るような叱り方をすることがありますよね。でもこれだとやはり、壁を背にしているお子さんからすると、叱っている大人のまわりや後ろにあるものが気になって、お話が頭に入ってこないんです。

ではどうすればいいかというと、子どもとママパパの位置を逆にします。**叱るほうが壁を背にすれば、子どもには、その人と壁しか目に入りません**。だから、叱る人だけに集中できて、お話が頭に入ってきやすいんです。

じつはこれ、残念ながら保育士でも誤解していることが多く、保育園でも、絵本を読むときなどに「絵本を読むよー。お壁ぺったんしてねー」と言って子どもたちを壁に背中をつけた状態にして、「はい読みまーす」ということがよくあります。もうおわかりのように、これだと読んでいる保育士の後ろにいろんなおもちゃとか、ほかの先生が歩き回っているのが見えたりして、せっかくの絵本に集中できない場合があります。

なので、**叱るときだけでなく、絵本を読むとき、そして大事なお話をするとき**も、**お子さんがしっかりと集中できる状態を作ってあげる**ために、大人が壁に背中をつける、あるいは壁側に立ったり座ったりしてみてください。

実際に僕もずっと、この方法を保育園でやっているんですが、本当に場所が9割だなと感じるぐらい、お子さんへの伝わり方や響き方が変わってきます。

お部屋の中以外、たとえばお外やお店などで叱ることもあると思うんですが、そんなときにも、**できるだけお子さんから見える景色がシンプルになることを心がける**とよいと思います。

すぐできる度 ★★★

39 | 息を吐くだけ！ 子どもに怒鳴らなくなる 超簡単テクニック

もったいない！
勢いで怒鳴る

イライラして子どもを大声で怒鳴りつけると、子どもは不安や恐怖から一時的に言うことを聞きますが、また同じことをしてしまいます。

- 怒鳴ると余計にイライラする
- 子どもが言うことを聞く理由は不安や恐怖を感じるから
- 呼吸を使って強制的に声を落ち着かせる

せっかくなら！

○ 息を吐ききってから言う

ふーっ

あのね
はるくんはさっき
お菓子
食べたよね

YouTubeで大反響
全ママパパ絶賛のスゴ技

自分から伸びる
子になるスゴ技

親と子の困ったが
解決するスゴ技

気持ちが上がる
ほめ方・叱り方のスゴ技

大人が息を吐ききってから話し始めることで、あら不思議。冷静に話ができます。

解説は次ページ ▶▶▶ **179**

「本当に怒鳴ることが減った」と感謝の声続々！お子さんに怒鳴りたくなる一歩手前で、ぜひやってみて！

　何度も同じことを言っても聞かない子に、「いいかげんにしなさい！」「静かにしてって言ってるでしょ！」なんて怒鳴ってしまうことがありますよね。これ、言うほうも言われるほうもいやな気持ちになりますし、その場の空気もさらに悪くしてしまうので、できれば避けたいですよね。

　しかも、怒鳴られた子は不安や恐怖から一時的にその行動を止めるけれど、なぜそれがいけなかったのかが伝わっていないので、また同じことをくり返してしまいます。

▶ 強制的に声のトーンが落ち着く方法

　子どもにしっかり伝えてわかってもらうには、**大人が落ち着いたトーンで話し始めることが大事**です。でも、怒っているときは、それがなかなか難しいと思います。そこで、お子さんを叱りたいときのちょっとしたコツをお話しします。

　それは、**「息を吐ききった状態で、子どもの前に立ってお話をし始める」**。たったこれだけです。

　試しにちょっと、いちど息を吸って、それから息を吐ききってみてください。その状態で何か話そうとすると、肺の中に空気が全然ありませんから、**大きな声を出そうとしても出ません**よね。つまり、大きな声で怒鳴るためには、肺にたくさん空気が入っ

ていなければならない。だから**息を吐ききった状態で話し始めると、怒鳴りたくても怒鳴れなくなる**んです。

　おもしろいことに、人間というのは、第一声を「うわーっ」とテンション高く始めてしまうと、当然それに続く言葉もそのテンションでいってしまいます。ところが第一声が落ち着いたトーンだと、それに続く言葉も落ち着いたものになっていくんです。

　たとえば第一声、すごく落ち着いたトーンで「○○くん」と話し始めたのに、続けて急に大声で「なんでそんなことしてんだーっ！」って言えませんよね。だからこの第一声を強制的に落ち着いたトーンにするために、息を吐ききった状態でお話を始めることが効果的なんです。

▶ **深呼吸になるので気持ちが落ち着く効果も**

　これにはほかにも効果がありまして、やってみるとわかるように、じつは、この一連の動作の中には深呼吸が入っています。息を吐ききろうとすることによって深く呼吸することになるので、**子どもの前に立つ時点でかなり冷静になって話し始めることができる**わけですね。

　このダブルの効果、やってみると意外と効果的だと感じられると思いますし、やってみた方から、「本当に怒鳴ることが少なくなったので感謝しています」と言われることが多いです。

　お子さんに怒鳴りたくなる、一歩手前で息を吐ききる。ぜひやってみてください。

　そしてさらにうまくいく方法があります。それは、お子さんの頭や背中を優しくなでながら叱ることです。心理状態として、優しくなでている相手を怒鳴るというのは難しくなりますので、こちらもあわせて試してみてください。

YouTubeで大反響
全ママパパ絶賛のスゴ技

自分から伸びる
子になるスゴ技

親と子の困ったが
解決するスゴ技

気持ちが上がる
ほめ方・叱り方のスゴ技

すぐできる度
★★☆

40 | 叱りすぎて「ママ嫌い!」「パパやだ!」を解決する方法

✕ もったいない！
叱ってばかりいる

仕事してるから静かに!!

早く片づけなさい!!

もー

パパもママもやだ!!

子どもは毎日、大人からたくさんの指示や命令を受けて、知らず知らずにストレスをためていることがあります。

POINT

- 子どもは大人から指示、命令をされることが多い
- 質問や否定で傷ついてしまうこともある
- 「わかってくれた」と思う気持ちで素直になれる

せっかくなら！

〇 子どもの遊びを真似する

素敵な絵だねー

その電車かっこいいね パパも同じの描こう！

うん!! いいでしょー

「命令しない」「質問しない」「否定しない」。この3つのポイントに気をつけて遊ぶと、親子関係は改善します。子どもの遊びを真似すると自然にうまくいきます。

解説は次ページ ▶▶▶

親子関係がよくなる！
心理療法や行動療法でも
使われる方法

　子どもを叱りすぎて「ママ嫌い！」と言われたり、子どもと過ごす時間の少ないパパなんかは「そもそも好かれていないんじゃないか？」と思うこと、ありませんか？　そんなときにオススメの、**心理療法や行動療法でも使われる簡単な方法**があります。

　それは、子どもと遊ぶときに、3つの重要なポイントを意識することです。

▶「命令しない」「質問しない」「否定しない」

　1つ目が、**子どもに「指示、命令をしない」**。たとえば、ぬり絵で遊ぶときは、「ここは赤のほうがいいよ」といった指示、命令を避けるといいです。

　普段の生活の中で、子どもは大人から指示、命令をされることが多いですよね。朝の「起きて」から始まり、「ごはん食べなさい」「おしたくしなさい」「靴をはきなさい」……。人に何か命令されるのは気持ちのいいことではないので、遊びの中だけでも指示、命令がないと、**子どもの気持ちにゆとりが生まれ、ママパパに対する気持ちや言動が変わります**。

　2つ目は、**子どもに「質問をしない」**。たとえば、おままごとでフライパンを振っている子に「目玉焼き作っているの？」とか、お絵かきをしている子に「車、青色にするの？」って聞くこ

とがあると思うんですが、それも避けてみてください。「ママ嫌い！」といった繊細な状況の子は、**質問をされるだけで否定されたように受け取りがち**だからです。「目玉焼き作っているの？」と聞かれただけで「目玉焼きじゃダメなのかな」とか、お絵かき中に「青色にするの？」と言われただけで「この色じゃダメなのかな」と感じてしまいます。

3つ目は、**子どもを「否定しない」**。たとえば、おままごとのとき、「お刺身にカレーかけまーす」なんて、大人には不思議なことを言ったりしますよね。そのとき、「お刺身にカレー？」なんて言われると、繊細な状況にある子は「また自分の発想や考えを認めてもらえなかった」「また否定された」と受け取ることがあります。**子どもの自由な発想を決して否定しないこと**を意識してみてください。

▶ 子どもの真似をする

「命令しない」「質問しない」「否定しない」ことに気をつけながら遊ぶのが難しいという場合、**「子どもの真似をする」**という方法があります。たとえば目玉焼きを作ってくれたら、「あ、それいいね！　パパも目玉焼き焼こう」って焼く真似をしてみる、お絵かきで木にりんごを描いたら「あ、いいね。ママも木にりんご描こう」とやってみるわけです。自然と **「あなたのやってること、とってもいいね！」** と認めながら遊んでいることになります。

こういったことをほんの少しでも意識するだけで、子どもは自然と「ママ、最近ぼくのことを否定しないな」「パパ、ちゃんとわたしのことをわかってくれてる」という気持ちが大きくなって、**親子の関係がどんどんよくなっていく**と思います。

YouTubeで大反響
全ママパパ絶賛のスゴ技

自分から伸びる
子になるスゴ技

親と子の困った
解決するスゴ技

気持ちが上がる
ほめ方・叱り方のスゴ技

子育てがどうしても
しんどくなってしまったら

　本書を手にとっていただき、ありがとうございました。

　この本を読んでくださった皆さんへ、最後にお伝えしたいことがあります。

　それは、**「ママパパも幸せになってほしい」**っていうことです。

　普段から「子どものために」「家族のために」って、たくさんのことを犠牲にして、人一倍がんばっているママパパ。子どもが生まれてからずっと、自分の時間なんてなかったり、神経をすり減らす状態が続いていたりしますよね。だからこそ、「子育てに疲れた」「つらい」「子どもがかわいくない」「叱ってばかり」といった状態になりやすいわけです。

▶ 好きなことをしても全然悪くない

　ママパパって無意識に「子どもが1番」になっていて、子どものために我慢していることがたくさんありますよね。

　たとえば、ママがおしゃれを我慢するとか。でも僕は、ママが好きなおしゃれをするのはいいことだと思うんです。赤ちゃんがいても、髪をブリーチしてピンク色にしていいと思います。世間体を気にして好みじゃない髪型にして、満たされない気持ちを抱えるよりも、朝起きたときに「今日もお気に入りのピンクの髪でうれしいな」と思ったほうが、よっぽどいい子育てにつながると思うんです。

　子どもを大事にするのはとても素晴らしいことですが、自分のことも子どもと同じくらい大事に考えてほしい。つねに自己犠牲を伴わなくても、もう十分にいい子育てはできてるんじゃない？って、僕は思うんです。

▶ そりゃそうだよね。だって他人だもん

　「一生懸命やっているのに、子どもが言うことを聞かない。わかってくれない」ということもあると思います。自分が親にしてもらってうれしかったから子どもにもしてあげようとか、将来役に立つからやらせたいとか、よかれと思って言っているのに、子どもは全然喜ばない。あるあるです。

子どもって、自分の血が半分入ったすごく近い存在ですが、当然、自分自身ではありません。だから、子どもと自分をあまり重ねて考えすぎると「私はこう思うのに、なんでこの子はそう思わないの⁉」となりやすく、それは当然イライラにつながります。

　誤解を恐れずに言うと、**親子だって、別人格の他人**。だから、思い通りにいかないことがあっても当然だし、「そりゃそうだよね。だって私じゃないもん」って思ったほうが、イライラの回数は減るはずです。

▶ 子どもの人生も、ママパパの人生も1回きり

　まわりを見ていると、たとえば子どもができて趣味を捨てたとか、好きなことを我慢したという人がいます。そのときは「子どものために」と思っても、子どもが少し大きくなってイヤイヤ期が来たり、思いどおりにいかないことが増えたりすると、ふと自分の幸せを考えたときに、その気持ちが「子どものせいで」に変わってしまうことが、けっこうな割合であるように思います。「子どものため」って考えるのはいいことだし、自己犠牲を払うのも悪いことではないんですが、**子どもの人生が1回きりであるのと同じように、ママパパの人生も1回きりです。**

子育てが
しんどいなと思ったら、
あなたを大事に
思っている
誰かのことを考えて

　ママパパにとって当然、子どもはすごく大事だと思います。でも、考えてみれば皆さんにも親はいて、皆さんが子どもを大事に思うのとまったく同じように、皆さんの親も皆さんのことを大事に思っているはずです。

　成長した自分の娘、息子が子育てに自己犠牲をはらいすぎて、すごく疲れて苦しんでいるのを見たら、きっと親として心を傷められると思うんです。

▶ ママパパにも、幸せを願ってくれる人がいる

　自分も誰かに愛されている存在だし、自分も誰かにとって必要な存在だし、自分にも、幸せを願ってくれている人がいる。それは両親かもしれないし、友人かも

189

しれないし、恩師かもしれない。とにかく自分を大事に思っている人がいるんだという視点をもっていれば、自然と自分の幸せについても考えることができます。そして、**自分が幸せな状態だと、子どもに対してもいい言葉がけができる**と思います。

　だから、ママパパが、「自分がどうしたら幸せかな」とか「自分がうれしいことをしよう」と考えるのは、全然悪いことじゃありません。自分を第一優先にするところまでは割り切れなくても、子どものことと同じくらい、自分を大事にしてください。**だって、あなただって、誰かの大事な人なんですから**。

　僕は皆さんの子育てが明るく楽しいものになるように願っています。つまり、少なくとも僕は皆さんを大事に思っているひとりです。だから、**自分を大事にしてくれる人はいないなんて考えないでください**。

　子育てがしんどいなと思ったら、あなたを大事に思っている誰かのことを考えて、自分を幸せにしてあげることを思い出してください。

　これだけは、絶対に覚えていてくださいね。

　ではまたお会いしましょう！

てぃ先生

[著者]

てぃ先生（てぃーせんせい）

関東の保育園に勤める男性保育士。

保育士として勤務するかたわら、その専門性を活かし、子育ての楽しさや子どもへの向き合い方などをメディアなどで発信。全国での講演は年間50回以上。

他園で保育内容へのアドバイスを行う「顧問保育士」など、保育士の活躍分野を広げる取り組みにも積極的に参加している。

ちょっと笑えて、かわいらしい子どもの日常についてのつぶやきが好評を博し、Twitterフォロワー数は50万人を超える。子育てのハウツーを発信しているYouTubeも大人気。

著書は『子どもに伝わるスゴ技大全　カリスマ保育士てぃ先生の子育てで困ったら、これやってみ！』（ダイヤモンド社）、『ほぉ…、ここがちきゅうのほいくえんか。』（ベストセラーズ）、コミックほか多数。

子どもが伸びるスゴ技大全
カリスマ保育士てぃ先生の
子育て〇×図鑑
まるばつ

2021年11月16日　第1刷発行
2022年7月13日　第6刷発行

著　者——てぃ先生
発行所——ダイヤモンド社
　　　　　〒150-8409　東京都渋谷区神宮前6-12-17
　　　　　https://www.diamond.co.jp/
　　　　　電話／03·5778·7233（編集）　03·5778·7240（販売）

装幀————上坊菜々子
イラスト——後藤グミ
撮影————赤石仁
ＤＴＰ———道倉健二郎（Office STRADA）
校正————鷗来堂
製作進行——ダイヤモンド・グラフィック社
印刷・製本—三松堂
編集協力——小嶋優子
編集担当——中村直子